스며드는
키즈 스피치 &
리더십 실전

스며드는 키즈 스피치 & 리더십 실전

발행일   2021년 3월 29일

지은이   박성연
펴낸이   손형국
펴낸곳   (주)북랩
편집인   선일영   편집   정두철, 윤성아, 배진용, 김현아, 이예지
디자인   이현수, 한수희, 김민하, 김윤주, 허지혜   제작   박기성, 황동현, 구성우, 권태련
마케팅   김회란, 박진관
출판등록   2004. 12. 1(제2012-000051호)
주소   서울특별시 금천구 가산디지털 1로 168, 우림라이온스밸리 B동 B113~114호, C동 B101호
홈페이지   www.book.co.kr
전화번호   (02)2026-5777   팩스   (02)2026-5747

ISBN   979-11-6539-613-8 03370 (종이책)   979-11-6539-614-5 05370 (전자책)

20년 아동교육 전문가가 전하는

스며드는
키즈 스피치 &
리더십 실전

박성연 지음

북랩 book Lab

추천사

미래 사회에서 요구되는 인간의 능력은 단연 소통일 것이다. 소통은 자신을 이해하고 표현하며 타인과의 관계를 조율하는 모든 과정의 근간으로, 인간을 인간답게 하는 구동체이다. 자신과 세상을 만나게 하는 소통은 말하기로 시작된다. 신언서판(身言書判)이라는 고사성어가 말해주듯이 세상사 성공의 으뜸은 말하기 능력이다. 특히 말하기는 발달단계 초기부터 형성되기 때문에 아동·청소년기에 단단한 말의 기법들을 익혀 놓는다면 성장하면서 매력적이고 믿음직스런 자신을 발현시키기에 훨씬 유리하다. 모든 부모들은 자녀가 당당하고 적극적으로 세상과 조우하기를 원할 것이다. 나 역시 부모로서 자녀의 그러한 인생을 희망하고 있다. 이 책은 성장하는 우리 아이들이 세상과 성공적으로 조우하도록 돕는 지침서가 될 수 있을 것이다.

시식습득이 수가 되었던 예전의 교육방식은, 이제 자기의 지식과 가치관을 설득력 있게 주장하고 공감시키는 말의 표현력을 점점 비중 있게 요구하는 쪽으로 변화했다. 아동기의 스피치 교육은 음성언어와 몸짓언어의 획득과 변화가 크게 일어나고 자리를 잡게 되는 시기이다. 이러한 이유로 스피치 교육은 그 어느 학습보다 우선하여 함양되어야 할 역량이다.

이 책은 성장하는 자녀와 함께 부모의 성장도 이끌고 있다. 단편적이고 일방적인 전달보다 부모와 자녀의 대화, 그리고 대화의 질을 높이기 위한 인성과 꿈에 대해 고찰하기를 권하고 있다. 이를 통해 부모는 자녀를 이해하고 자녀와 함께 성장하는 기회를 가질 수 있게 된다. 또한 저자는 마음 통을 키울 수 있는 내면강화의 활동을 먼저 제시한 후 강화된 내면과 함께 자기의 생각을 논리적으로 실감나게 전달할 수 있는 스피치의 기법을 체계적으로 설명한다. 마음근육을 단단히 하고 자기의 생각을 잘 전달할 수 있는 힘이 생긴다면 이제 리더의 소양을 갖출 준비가 된 것이다.

이 책이 유익한 또 다른 이유는 가정이나 교육현장에서 부모나 선생님이 함께 활동하며 습득할 수 있는 활동 위주로 꾸며져 있다는 점이다. 이 책은 아이가 또래 집단의 관계 속에서 즐거운 활동을 통해 리더 역할을 유쾌하게 해낼 수 있도록 의미 있는 놀이들을 제시한다. 제시된 활동은 가정을 포함한 각 영역에서 개인과 그룹으로 적용하기 쉬운 훈련과 예제들로 구성되어 있다. 이미 효과가 검증되고 선별된 활동들을 따라가다 보면 어느새 부쩍 마음이 커지고 긍정적이며 또렷한 의사전달을 하는 우리 아이, 마음 통이 넓고 깊어진 우리 아이를 만날 수 있을 것이다.

포스트코로나 그리고 4차 산업시대에는 인성을 토대로 한 자신감, 논리력, 세부적으로는 정확한 발음·발성과 풍부한 표현력이 요구되고 있다. 그렇기 때문에 우리 아이들에게는 말의 힘이 더욱 필요하다. 이 책을 선택했다는 것은 당신이 자녀의 당당한 삶을 응원하고 있다는 방증이다. 그리고 그 모든 과정의 시작인 말하기의 중요성을 알고 있다는 것이다.

이 책을 통해 우리 아이들이 보다 당당하게 세상과 조우하기를 희망한다. 아동·청소년기 자녀를 둔 부모와 선생님들에게 아이들의 자신감, 자존감, 리더십을 길러주기 위한 필수 활용서로 손색이 없기에 강력히 추천한다.

장성호 건국대학교 미래지식교육원장

(동 대학교 국가정보학과 교수, 정치학 박사)

저자 박성연은 어린이들이 언어를 사용하여 자기 생각을 타인들에게 당당하고 호소력 있게 전하는 능력을 키우도록 돕는 교육을 오랫동안 해왔다. 또 천안지역 사회교육협의회에서 '부모자녀 대화법' 지도자 훈련을 받고 그 대화법에 대해 전파하고 있다. 어린이들이 잘 성장하기 위해서는 좋은 스승을 만나는 행운도 있어야겠지만, 아이에게 영향력이 가장 크고 자녀의 평생 담임 역할을 해야 하는 부모의 중요성을 지극히 잘 알고 있었기 때문이다. '침묵은 금'이라는 정서가 오랜 세월 동안 스며들어 있었던 우리 문화에서, 인간의 전유물인 '언어'로 긍정적·사회적 발달을 추구하려는 노력이 효과를 발휘하기 위해서는 그 노력이 체계적으로 이루어져야만 한다.

이 책은 스피치의 기교만을 알려주는 방식을 거부하고, 인간 발달의 중요한 요소들인 의지, 감정, 사고의 종합적인 발달을 고려하면서도 일반인이 아주 쉽게 원리를 이해하고 즐겁게 적용할 수 있도록 구체적인 예문들이 제시되어 있어서, 성인이 먼저 읽고 자녀나 제자에게 멘토링할 수 있도록 구성되어 있다. 이에 적극 추천하는 바이다.

정미리 가족문화교육연구소 'Familienbaum' 대표
(부모교육학 박사)

스피치는 내 인생에 나비효과를 불러왔다.

어린 시절 나는 쑥스러움이 참 많은 아이였다. 교우활동 자체는 어렵지 않았지만 많은 사람 앞에 설 때면 그 긴장감과 두근거림은 말로 할 수 없을 정도였다. 한번은 부모님 회사 야유회에서 돌아가며 발표를 할 기회가 있었는데 내 순서가 오기까지 가슴이 터져나갈 듯 어찌나 쿵쾅거리던지, 결국 무대에서도 머리가 새하얘

져 한 마디도 못하고 내려올 수밖에 없었다. 이런 경험들이 쌓일수록 악순환으로 자신감은 더욱 떨어져 갔다. 선생님이 발표할 사람을 찾으면 고개를 숙인 채 눈을 피하고, 어쩌다 앞에 서게 되면 긴장감에 울먹이듯 웅얼대기 일쑤였다. 남들 앞에 서면 의사표현을 하지 못하는 아이, 반장 같은 건 꿈에도 생각하지 못할 아이, 그게 바로 나였다. 결국 학교생활에 진취적이지 못했고, 성적 또한 그리 좋지 못했다.

고등학교에 진학할 즈음 뒤늦은 위기의식이 찾아오면서 각고의 노력 끝에 한의대에 진학할 수 있었지만 그 때까지도 '리더'라는 단어는 내 인생에 없었다. 아니, 그런 자리는 심지어 공포의 대상이 될 정도였다. 한의대는 적성에 맞았지만 학년이 올라갈수록 걱정도 컸다. 처음 보는 사람과의 대화를 주도적으로 이끌어나갈 자신이 없는 나로서는 환자를 응대하는 일이 너무나도 어렵게 느껴졌다.

그랬던 내가 변화할 계기를 만난 건 소위 성공한 한의사가 된 선배가 지나가듯 한 말 한마디에서였다. "환자와 소통하기가 어렵다면 스피치 학원을 다녀 봐."

어릴 때부터 콤플렉스였던 '말'이라 솔직히 기대는 없었다. 그래도 혹시나 하는 마음에 스피치 학원을 다니기 시작했다. 그리고 나의 오랜 편견은 깨부숴졌다. 스피치는 타고나는 재능이 아니라 학습이 가능한 능력이었다. 마치 수학 문제를 푸는 것처럼 말이다.

스피치가 좋아지니 자신감도 커졌고, 그 덕분에 한의원에도 많은 분들이 찾아와 주셨다. 그러던 중 좋은 기회를 만났다. 개인적으로 난치병을 앓은 경험이 있어 치료에 약만큼이나 음식을 중요시하는 편인데, 한 방송 관계자가 이를 좋게 보고는 방송에 출연해 더 많은 사람들을 건강하도록 돕는 일을 해 보는 건 어떠냐는 제안을 줬다. 내 앞의 환자만 돌보는 것을 넘어설 수 있다니? 의료인으로서의 사명감에 설렐 정도로 좋은 제안이었지만 두려워 피하고 싶기도 했다. 한 시간의 방송이 잡히고 나서는 아직 한 달이나 남았음에도 식은땀이 날만큼 두근댔고 수능을 앞둔 수험생처럼 심장이 쪼그라들기도 했다. 그래도 이 또한 극복하고 싶었다. 앞서 좋아진 경험이 있었기에 다시 한 번 용기를 내 이 책의 저자인 박성연 선생님께 스피치를 배우며 한 달을 보냈다. 어떻게 지나갔는지도 모르게 첫 촬영을 끝냈다. 그리고 결과는 깜짝 놀랄 정도로 성공적이었다. '표현력과 전달력이 좋다'는, 내게는 정말 생소하고 어색한 칭찬과 함께 물밀듯이 섭외가 들어오기 시작했다.

그렇게 나는 '요리하는 한의사'가 되었다. 그 시절 야유회에서 가장 떨던 내가, 스피치를 꾸준히 배우면서 어느 순간부터는 연예인들과 함께 하는 생방송에서도 농담까지 던져가며 재미있게 '말'을 하고 있다.

지금의 나는 다시 한 번 성장해 창업가가 됐다. 건강한 음식 정보를 알아도 직접 해 먹기가 어려운 사람들을 위해 천연 재료에 한약재를 더한 메디푸드(MEDI-FOOD)를 만든다. 약만큼 좋은 음식을 통해 모두가 건강해지는 세상, 그게 나의 비전이다. 더하여 제2의 가족인 반려동물을 위한 제품도 만들고 있다. 그리고 벌써 세 번째 저서를 준비하고 있다. 내가 배운 것은 '말'이지만, 글쓰기 능력도 함께 저절로 발전해서 더 이상 글을 쓰는 것이 어렵지 않다. 지난번 서적은 교보문고 베스트셀러에 선정된 데다 베트남, 중국, 대만에서도 해외 출판될 정도로 인기를 얻기도 했다.

돌이켜보면 스피치는 내 인생에 나비효과를 불러와 오늘날의 왕성한 활동을 하게 하는 원동력이 되었다. 만약 스피치를 배우지 않았다면 지금의 내가 있을 수 있었을까? 아마 불가능했을 것이다.

스피치를 배워야 하는 이유는 단순히 말을 잘하는 기술을 얻기 위함이 아니다. '내가 하고 싶은 일을 좋은 사람들과 함께 하기 위함'이다. 나 혼자의 힘으로는 할 수 없는 일이 여럿이 뭉치면 가능해진다. 그러려면 나의 생각을 전달하고 나의 비전에 공감하도록 '스피치'해야 한다.

마지막으로 이 글을 빌려 나의 인생에 나비효과를 불러와 주신 박성연 선생님께 감사함을 전하며, 어릴 때부터 스피치를 배우는 행운을 얻게 된 독자들에게도 진심어린 응원을 보낸다.

유승선 한의사

(KBS '아침마당', MBC '아침이 좋다' 외 다수 방송 출연)

유튜브 등 각종 정보통신 및 SNS 매체가 발달함에 따라 아동기의 학생들이 스스로 사고하고 자신의 의견을 피력하는 능력이 점차 저하되고 있는 상황이다. 10년 이상 사교육 1번지 대치동에서 학생들을 교육하며 그런 변화를 가장 빠르게 현장에서 실감하고 있다.

지식을 수동적으로 받아들이는 것에만 익숙한 상황에서 벗어나 앞으로는 자신이 이해한 지식을 상대방에게 설득력 있게 전달하고 공감을 이끌어내는 능력이 있는 자가 점점 더 각광받는 시대가 올 것이다.

현재의 대학입학 시스템에서도 학생부 종합 전형, 자기추천 전형 등 다양한 전형들에서 면접의 중요도 및 비중이 점차 강화되고 있다. 의대 입시에서도 MMI 면접 등 다양한 형태의 전형을 통해 학생의 통찰력을 스피치 능력과 함께 평가하고 있는 상황이다.

17세 이후 급작스레 스피치 교육을 받는 것보다, 아동기에 진행하는 것이 언어적 표현과 비언어적 표현의 획득과 변화가 더 크게 일어난다. 따라서 관련 사항들을 자신의 것으로 내면화하는 것이 수월하다. 그러한 점에서 아동기 스피치 교육의 혁신이라 할 수 있는 이 책의 가르침대로 자녀를 양육한다면 부모가 자식에게 줄 수 있는 최고의 선물이자, 무한경쟁 사회에서 당당히 생존할 수 있게 도와주는 최선의 무기가 될 것이다.

강승윤 큐링크 VIP 입시컨설팅(대치동) 대표

프롤로그

우리는 누구나 관계 속에서 살아가고 있습니다. 아이도, 어른도 마찬가지입니다. 홀로 살아가는 사람은 없습니다.

다양한 사람들과의 만남 속에서 나의 에피소드를 뽑내며 실감나는 스피치로 청중의 귀를 세우고, 그들이 오롯이 나에게 집중하도록 해 본 경험이 있다면 그 순간의 희열이 나의 마음에 솔바람처럼 행복으로 스며드는 것을 경험했을 것입니다.

어느 자리에서든, 그리고 어떤 상황에서든 자신의 매력을 잘 표출할 수 있게 하는 말의 능력은 집으로 돌아가는 발걸음을 춤추게 합니다. 때론 내 설득으로, 조언으로, 응원으로 변화된 상대방의 미소를 보며 더없이 벅차는 마음과 감동이 밀려올 때도 있습니다.

이 스피치의 힘은 자라나는 우리 아이들의 행복 지수를 높이고 그 행복을 지속적으로 영위할 수 있도록 하는 데 크나큰 자산이 됩니다. 어린 시절부터 자연스럽게 스피치의 능력이 몸에 스며들게 하여 자신감, 표현력, 논리력을 겸비한 행복한 리더로 자라나게 하기 위해서는 우리 어른들이 놓아 주는 디딤돌이 꼭 필요합니다.

이 책의 목표는 자신감 마인드를 기반으로 강화된 내면을 확립하고 보이스 트레이닝, 강조법, 감정 표현, 제스처, 시선 처리 등의 연습을 통해 발표능력을 향상시키며 각종 레크레이션을 이끌 수 있는 리더십을 키워 창의성을 겸비한 당당한 사람으로 성장하는 데 일조하는 것입니다.

가정에서 부모님이, 학교에서 선생님이, 그리고 학원 및 방과후 수업에서도 쉽고 다양하게 활용할 수 있도록 실전 위주의 구성으로 만들었습니다. 특히 아이의 평생 담임인 부모님, 그리고 선생님 등 멘토들께도 길잡이가 되어 아이의 자신감과 창의성을 높여줄 수 있도록 바람직한 일상 대화법을 곁들여 책을 구성했습니다. 또 학생은 물론 성인들도 이 책의 실전 스피치 훈련을 실생활에서 활용할 수 있도록 구성하였습니다.

※ 이 책의 주요 특징

① 부모님도 쉽게 배우며 가르칠 수 있도록 이해하기 쉬운 언어와 표현을 사용하였습니다.

② 쉽게 따라할 수 있는 훈련법과 예문을 설명과 함께 싣고 다양한 팁을 제공하여 손쉽게 배우고 가르칠 수 있도록 구성하였습니다.

③ 책의 순서대로 따라가다 보면 어느덧 강화된 내면과 함께 스피치의 스킬들이 자연스럽게 스며들도록 흐름을 구성하였습니다.

④ 몸짓을 활용하여 다양하게 창의적 활동을 함으로써 즐겁고 믿음직하며 인성을 겸비한 리더가 될 수 있도록 많은 실전 활동들을 소개했습니다.

⑤ 부모님이 자녀에게는 평생 담임인 만큼 아이의 자존감에 크게 작용하는 부모(멘토)의 바람직한 모습을 제시하였습니다. 사랑하기와 가르치기 사이에서 균형을 잡는 데 도움을 드립니다.

⑥ 어린이, 청소년, 성인 모두에게 도움이 될 실전 학습서이므로 스스로 학습할 수 있습니다.

⑦ 학교나 학원, 가정에서 보다 더 체계적인 스피치 교육을 원하신다면 주간 및 월간 단위로 구성되어 있는 워크북을 추가로 활용하실 수 있습니다.

오랜 기간 동안 교육 현장에서 검증된 활동 결과물로만 책을 구성하였습니다. 이 책과 워크북을 통해 우리 아이들이 자신을 자랑스럽고 빛나는 존재로 여길 수 있는 단단한 내면을 갖기를 바랍니다. 또한 다름 속에 함께하는 관계의 미학, 그리고 그 속에서 발휘되는 스피치의 힘을 통해 **행복이 스며드는 것을 느끼며 그 행복을 영위할 수 있는 힘**을 스스로 길러갈 수 있기를 바랍니다. 힘주어 집어든 이 책이 큰 디딤돌이 되기를 소망합니다.

박성연

목차

PART 1. 스피치 여행 준비 [Warming Up]

PART 2. 자신감 내면 강화 [Start]

PART 3. 스피치의 세계로 [Speed Up]

PART 4. 즐기며 리더 되기 [Fun & Leader]

PART 5. 말하기, 글쓰기 실전 [Practice]

· · ·

어린이들이 선생님과 함께 소풍을 갔습니다. 한 아이가 물었습니다.

"선생님, 시냇물은 왜 소리를 내며 흘러가나요?"

아이의 질문을 듣고 선생님은 시냇물 소리에 귀를 기울였습니다. 아이의 말대로 시냇물은 졸졸졸 정겨운 소리를 내며 흘러가고 있었습니다. 소풍에서 돌아온 선생님은 이 책 저 책을 들춰 보며 그 이유를 알아냈습니다. 시냇물이 소리를 내는 것은 물속에 돌멩이들이 있기 때문이었습니다. 들쭉날쭉한 돌멩이들이 있기 때문에 시냇물이 소리를 내는 것이죠. 곱고 아름다운 소리를 내기 위해서 각기 다른 모양으로 고난을 견뎌온 돌멩이들이 있었기 때문입니다.

위의 이야기는 제가 참 좋아하는 이야기입니다. 사람들이 사는 세상도 마찬가지입니다. 사람들이 각기 다른 모습으로 관계 속에서 살아가면서 행복을 느끼는 순간은 다양합니다. 아이들은 또래 집단 속에서, 어른들은 사회생활의 다양한 만남 속에서 희로애락의 감정들을 경험합니다.

· · ·

그 중 일상의 행복지수를 높이고 지속적으로 행복을 영위할 수 있도록 힘을 주는 요소 하나가 있습니다. 바로 스피치의 능력입니다.

경험한 일을 실감나게 표현하는 생생한 말하기, 정보나 지식을 또렷하게 설명하는 전달력, 생각이나 주장을 힘차게 펼칠 수 있는 자신감, 좌중을 웃길 수 있는 순발력, 감정을 배가시키는 목소리의 고저와 어조의 변화, 전달에 힘을 실어주는 제스처와 눈빛과 표정 등입니다.

다양한 스피치의 스킬들을 적절히 섞어서 자연스럽고 여유로우면서도 내면에서 넘치는 자신감으로 카리스마를 뽐내며 시선을 집중시켰을 때의 희열은 큰 행복의 발걸음을 선물합니다.

아이들이 자기 생각을 정확한 발음과 함께 논리적으로 또렷이 말함으로써 또래들에게 깊은 신뢰감을 주고 나아가 리더로서 자리매김하는 과정에서도 스피치 능력이 큰 부분을 차지합니다.

이렇게 어릴 때부터 체득된 말하기의 힘은 아이가 성장해나가는 모든 순간에 크고 작은 행복을 가져다줄 것입니다.

PART 1.

스피치 여행 준비
[Warming Up]

소망 선언, 긍정의 변화

아이들을 처음 만났을 때 열정을 확인하고 만들어가는 일은 수업과정의 첫 단계로 실행되어야 할 만큼 수업 진행의 기반이 됩니다. 자신감을 장착하고 도전하는 힘은 열정에서 나오기 때문입니다.

데일 카네기는 어떤 일에 열중하기 위해서는 온전히 그 일을 믿고 스스로 그것을 성취할 힘이 있다고 믿어야 하며 적극적으로 그것을 이루어 보겠다는 마음을 가져야 한다고 했습니다.

그러면 낮이 가고 밤이 오듯이 저절로 그 일에 열중하게 됩니다. 지금 길을 잃어버린 것은 가야만 할 길이 있기 때문입니다. 미래는 자신이 가진 꿈의 아름다움을 믿는 사람들의 것입니다. '할 수 있다, 잘 될 것이다'라고 결심하고 열정을 키워서 방법을 찾아나서야 합니다.

열정은 어떤 목표라도 달성할 수 있게 하는 원동력입니다. 모든 것을 잃더라도 열정만 잃지 않는다면 다시 성공할 수 있습니다.

🖊 활동 (1)

자신의 꿈을 위해 열정을 키우고, 그 열정을 실천하기 위해 오늘부터 자기 자신과의 약속을 정해 봅니다.

💬 예 ①

저는 작심삼일하지 않고 꾸준히 노력하기 위해 저 자신과 이런 약속을 하겠습니다.

첫째, 만나는 사람에게 먼저 인사를 하겠습니다.
둘째, 알림장을 잘 보고 미리미리 준비물을 챙기겠습니다.
셋째, 일찍 일어나고 정해진 시간에 잠들도록 노력하겠습니다.
넷째, 휴대폰 게임을 줄이고 책을 읽도록 하겠습니다.
다섯째, (   )
여섯째, (   )

💬 예 ②

저는 매일 몸에 좋은 이것을 먹겠습니다.

첫째, 키가 크는 우유를 먹겠습니다.
둘째, 피부가 좋아지는 과일을 먹겠습니다.
셋째, 근육이 생기는 달걀을 먹겠습니다.
넷째, 몸이 튼튼해지는 채소를 먹겠습니다.
다섯째, 영양소가 고루 들어있는 잡곡을 먹겠습니다.
여섯째, (   )

TIP

엄마와 아이가 함께 일상생활에서 더 노력하고자 하는 사항, 혹은 개선하고자 하는 사항을 적
어 잘 보이는 곳에 붙여놓고 생활에 스며들도록 수시로 외쳐 봅니다.

조류 중 가장 장수하는 새인 솔개는 보통 40년을 살지만 70년까지 장수하는 솔개도 있습니다. 그러나 30년을 더 살기 위해 솔개는 매우 고통스러운 과정을 이겨내야 합니다. 오래된 부리를 바위에 쪼아 부러뜨리고 일정기간이 지나 새로 난 부리를 이용해 자신의 발톱을 하나씩 뽑아버립니다. 그렇게 하여 발톱이 새로 생기면 깃털을 뽑아 새 깃털이 나게 하는 것입니다. 그렇게 갱생한 후에야 30년을 더 사는 것입니다.

솔개의 혁신은 우리가 현재에 안주하지 않고 변화에 능동적으로 대처해야 하는 이유를 제시합니다. 새로운 기회를 위해 결단하고 도전하려면 우리는 끊임없이 스스로의 변화를 만들어가야 합니다. 그리고 그 변화를 위한 노력은 많은 인내와 고통을 필요로 합니다.

앞으로 더 전진하고 발전하는 나, 그런 나를 만드는 결단과 실천을 위해 오늘부터 자기 내면에 던지는 약속과 구호를 수시로 외쳐 봅니다.

✎ **활동 (1)**

자기 변화를 위한 구호들을 외쳐 봅니다.

💬 **예 ①**

하루 10분이 나를 바꾼다.
부모의 10분이 아이를 바꾼다.
사람을 강하게 만드는 것은 사람이 하는 일이 아니라, 하고자 노력하는 것이다.
꾸준하게 끈기있게 나아가자.

💬 **예 ②**

나는 힘이 세지도 않고, 두뇌가 뛰어난 천재도 아닙니다.
새롭게 변했을 뿐입니다.
그것이 나의 성공비결입니다.
Change(변화)의 g를 c로 바꾸어 보십시오.
Chance(기회)가 되지 않습니까?
변화 속에는 반드시 기회가 숨어 있습니다.

– 빌 게이츠

💬 **예 ③**

자신감은 성공으로 이끄는 제1의 비결입니다.
저는 시작이 반이라고 생각합니다.
어떤 일에 열중하기 위해서는 그 일을 믿고 그것을 성취할 힘이 있다고 믿어야 합니다. 또 적극적으로 그것을 이루어보겠다는 마음을 가져야 합니다. 도중에 포기하지 않아야 합니다. 씩씩하게 끊임없이 내면의 자유를 위해 싸워야 합니다.

– 에디슨 & 카네기

자신이 이루고자 하는 일을 마음에 간직하고 기억하고 되뇌면 그 목표를 달성하도록 저절로 노력하게 된다고 합니다.

소망 예언은 달성에 대한 기대를 하고 그와 같은 결과가 반드시 일어날 것이라는 것을 믿고 노력하는 것입니다.

남과 차별화되는 나의 우수한 점, 잘하는 부분들을 파악해 보고 적어 보며 그 장점과 강점을 확대시킬 수 있도록 노력합니다.

되고 싶은, 혹은 이루어질 나만의 소망 예언을 잘 만들어 외쳐 보고 실천해 봅니다.

🖊 활동 (I)

나의 소망 예언들을 자세히 적어 봅니다.

💬 예 ①

나는 세상에 공헌하는 사람으로 살아갈 것이다.
나는 가족을 사랑하고 주변을 이끄는 사람으로 살아갈 것이다.
나는 근면하고 노력하는 사람으로 살아갈 것이다.
나는 부를 이루어 베푸는 사람이 될 것이다.
나는 창의적으로 신제품을 개발하는 사람이 될 것이다.
나는 약속을 반드시 지킨다.
나는 평소에 긍정의 말을 많이 한다.
나는 과정에 최선을 다하고 즐긴다.
나는 목표가 있다.
나는 (   )

✏️ 활동 (2)

나의 장점과 강점을 적어 봅니다.

💬 예 ①

저의 장점(강점)은 이렇습니다. 그리고 꿈, 소망은 이렇습니다.

첫째, 저는 그림을 잘 그립니다.
둘째, 저는 종이접기를 잘 합니다.
셋째, 저는 (   )
앞으로 (   )를 잘 하겠습니다.
더욱더 (   )를 잘 하겠습니다.

나중에 커서 (   )으로 세상에 기여하는 사람이 되겠습니다.

✏️ 활동 (3)

올해 혹은 이번 달에 이루고 싶은 것들을 자세히 적어 봅니다.

💬 예 ①

첫째, 새 학년에 새로 만난 친구와 친하게 지내고 싶습니다.
둘째, 숙제와 예습, 준비물 챙기기를 잘 하고 싶습니다.
셋째, 책을 한 달에 (   )권 이상 읽고 싶습니다.
넷째, (   )
다섯째, (   )

당당한 나를 디자인하자

개성이 넘치고 나답게 살아가는 사람은 참으로 매력적입니다.

스티브 잡스는 자신의 가슴과 직관을 따르는 용기를 가지라고 했습니다. 내가 진실로 무엇이 되고 싶은지를 가슴과 직관은 알고 있을 것이라고 합니다. 또한 다른 사람의 의견이 나의 목소리를 잠식하지 않도록 노력하라고 합니다.

이는 개성 있는 나의 삶을 디자인해야 한다는 의미로 해석할 수 있습니다. 개성은 다른 사람과 구별되는 고유만 나만의 특성이며 일관성 있고 지속적인 반응을 일으키는 개인의 심리적 특징이기도 합니다.

다양한 생각과 방법으로 나를 표현해 보고 나 자신은 세상에 하나밖에 없는 독특한 개성을 지닌 소중한 사람이라는 것을 깨닫는 것이 중요합니다. 미래의 비전이 자연스럽게 스며들도록 꿈을 지지하고 응원하며 함께 작성해 보는 것이 중요합니다.

✐ 활동 (1)

① 빛나는 미래 상상하기

② 그런 미래를 위해 현재 노력할 점

③ 그런 미래에 나는 지역과 나라, 그리고 온 세상을 위해 어떤 좋은 영향력을 미칠까?

② 긍정의 자기 약속, 명언 간직하기

명언이나 격언은 내 삶의 주제를 일관성 있게 가져가는 데 도움을 줍니다. 또한 자기가 하고 싶은 말이나 에피소드를 한 마디로 표현해 줄 수 있는 문장이 필요하다면 명언을 활용하면 좋습니다. 아래의 명언들을 참고하세요.

내일 지구의 종말이 와도 나는 한 그루의 사과나무를 심겠다.

– 스피노자

→ 긍정적인 삶을 살아가자는 명언입니다.

한 번 해서 안 되면 두 번 하라. 두 번 해서 안 되면 세 번 하라. 세 번 해서 안 되면 네 번 하라. 계속해서 하다 보면 얻어지는 것이 있다.

→ 끈기있게 노력하는 삶을 살자는 명언입니다.

자신이 노력했을 때 얻어지는 보람을 잊지 말라. 그 보람이 노력하는 열쇠이다.

→ 노력 후 얻어지는 기쁨에 관한 명언입니다.

꿈이 실현되지 않는 원인은 그 바람이 비현실적이기 때문이 아니라, 그 바람을 실현하고자 하는 열정이 부족했기 때문이다.

→ 열정에 관한 명언입니다.

🖊 활동 (1)

나만의 명언, 격언을 간직합니다.

💬 예 ①

> 한 번 해서 안 되면 두 번 하라. 두 번 해서 안 되면 세 번 하라. 세 번 해서 안 되면 네 번 하라. 계속해서 하다 보면 얻어지는 것이 있다.

> 아이와 같이 찾고 응용하여 자기만의 명언을 간직합니다. 스피치 실전 시 서론, 결론, 자기소개 등에 두루 유용하게 쓰일 수 있습니다.

🖊 활동 (2)

위 명언을 활용하여 오늘부터 변화할 긍정의 자기 약속, 다짐을 선언해 봅니다.

💬 예 ①

> 여러분! 여러분은 마음에 간직하고 있는 명언이 있으신지요?
> 제가 가장 좋아하는 명언은, '한 번 해서 안 되면 두 번 하라. 두 번 해서 안 되면 세 번 하라. 세 번 해서 안 되면 네 번 하라. 계속해서 하다 보면 얻어지는 것이 있다'라는 명언입니다. 이 명언은 끈기 있게 노력하는 삶을 살자는 명언입니다.
> 여러분들은 끈기 있게 노력하는 삶을 살고 계신가요? 저는 그 동안 끈기 있게 노력하는 일이 그다지 많지는 못했습니다. 끝까지 읽은 책이 몇 권 안 되고, 줄넘기도 3개월을 계획했지만 10일 만에 중단하고 말았습니다. 하지만, 지금부터라도 끈기 있게 열심히 하면 분명히 나중에 얻어지는 것이 있으리라 생각합니다. 혹시 끈기 있게 노력한 경험이 많지 않다면 저 명언을 잘 새기고 저처럼 지금부터라도 끈기 있게 노력해 보면 좋을 것 같습니다. 우리 함께 쉽게 지치지 않고 꾸준히 할 수 있는, 끈기 있는 멋진 사람이 되자고 약속합시다. 감사합니다.

3

다양한 방법과 생각으로 나를 표현해 보기

나를 온전히 사랑한다는 것은 무엇일까요?

무조건적으로 나를 사랑하는 것도 중요하지만 성장하는 나, 노력하는 나를 사랑해야 합니다. 긍정성을 확대시키려 노력해야 하며 나 자신이 세상에 하나밖에 없는 독특한 개성을 지닌 소중한 사람이라는 것을 깨닫는 것이 중요합니다.

미래의 비전이 자연스럽게 스며들도록 자신의 꿈을 지지하고 응원하며 작성해 봅니다. 아래의 활동을 하며 긍정적인 자기를 발견해 봅니다.

활동 (1)

나의 장점이 담긴 긍정적이고 개성 있는 별명을 지어 봅니다.

활동 (2)

멋진 삼행시로 이름을 기억시켜 봅니다.

활동 (3)

위의 내용을 활용하여 자기를 소개해 봅니다.

TIP

위의 활동을 통해 자기소개에서 기억을 각인시키는 데 유용하게 활용할 수 있습니다.

어니젤린스키는 걱정의 실체에 대해 이렇게 말했습니다.

> 걱정의 30%는 과거에 일어난 일로써 현재는 바꿀 수 없는 일이다.
>
> 걱정의 40%는 절대 현실로 일어나지 않는다.
>
> 걱정의 12%는 건강에 관한 불필요한 걱정이었다.
>
> 걱정의 10%는 아주 사소한 걱정이었다.
>
> 걱정의 4%는 우리로서는 어떻게 할 수 없는 불가항력적인 것이다.
>
> 결국 걱정의 4%만이 걱정할 만한 것이다.
>
> → 96%는 어떻게 할 수 없는 걱정, 혹은 불필요한 걱정이라는 것이며, 대부분의 사람들은 걱정하지 않아도 되는 일로 고민하고 시간을 허비한다는 것입니다.

스트레스는 때로 학습 및 일에 몰입도를 높여주어 효율을 좋게 하는 순기능이 있기도 하지만 대부분 과다하여 역기능적 스트레스에 시달리게 됩니다. 우리는 빠르게 변화하는 세상의 흐름 속에서 많은 걱정과 스트레스를 경험합니다. 스트레스를 관리하지 못하여 심신의 어려움을 겪게 됩니다.

아이들의 경우도 마찬가지입니다. 요구되는 학습의 양과 강도에 대부분 지쳐 있고 스트레스를 경험하게 됩니다.

하지만 스트레스는 후천적으로 만들어지는 것이며, 다시 말해 스트레스를 제어할 수 있는 힘이 있다면 상당 부분 긍정적인 상황으로 돌아설 것입니다.

어려운 상황에 처했을 때 감정과 반응을 조절하여 판단하고 선택하는 능력을 키워 스트레스를 줄이고 긍정성을 키워나가는 것이 중요합니다.

아래의 네 가지 방법으로 스트레스를 관리하고 해소해 봅니다.

✱ 나만의 좋아하는 그것

→ 내가 진정 원하는 미래가 어떤 것인지, 내가 현재 하고 싶은 일이 무엇인지, 내가 잘하는 것이 어떤 것인지를 생각하며 그것을 좋아하고 사랑할 수 있는 힘을 발휘해 보세요. 좋아하는 것을 하고 있다면 분명 행복할 수 있고 스트레스와는 거리가 멀어질 것입니다.

✱ 새로운 경험과 도전

→ 사람은 누구나 새로운 것에 대한 호기심, 새로운 경험을 하고자 하는 욕구를 가지고 있습니다. 이 도전을 스트레스로 받아들이지 않고 도전 자체를 즐기려는 태도입니다. 한 분야의 리더가 된 사람들을 보면 대부분 그 어려움을 긍정적으로 받아들이는 자세를 가진 경우가 많습니다. 스트레스가 즐거움으로 바뀌는 순간들을 만들어내는 것입니다.

✱ 일에서 찾는 보람

→ 일할 수 있는 행복함, 감사함을 가지고 세상에 줄 수 있는 좋은 영향을 찾아보고 미래 지향적인 사고를 갖는다면 의미 있는 일을 한다는 성취감과 자부심에 스트레스는 반드시 줄어들 것입니다.

✱ 행복을 이끄는 힘, 웃음

→ 저는 웃음이 스트레스를 날리고 행복으로 전환되는 순간을 체험했습니다. 바로 그 때의 느낌, 스트레스가 행복으로 전환되는 순간을 자주 경험합니다. 이것이 바로 웃음의 힘입니다.

🖊 활동 (1)

앞의 스트레스 해소 방법을 숙지하며 큰 소리로 낭독해 보고, 나의
스트레스가 무엇인지 적어 보고, 스트레스를 줄일 방법을 찾아 봅니다.

💬 예 ①

나의 스트레스(원인을 함께 찾는다)
(   )

스트레스를 줄일 방법(구체적으로 적어 본다)
(   )

3강

인성의 함양

1 감사하는 삶

오늘의 감사함은 무엇입니까? 지난 한 달 동안 무엇이 감사했습니까? 내 인생을 통틀어 감사할 상황이 얼마나 많은지 생각해 보셨나요?

탈무드에 다음과 같은 구절이 나옵니다.

'이 세상에서 가장 부유한 사람은 누구일까? 바로 자기가 가진 것에 감사하는 사람이다.'

파아핀이라는 사람은 다음의 세 가지만 있으면 하나님께 감사드려야 한다고 말했습니다.

'첫째는 일용할 양식이요, 둘째는 몸의 건강이며, 셋째는 소망이다.'

또한 우리는 다음과 같은 유대인 명언을 마음에 새길 필요가 있습니다.

'이 세상에서 가장 현명한 사람은 누구인가? 모든 사람에게 항상 배우는 사람이다. 이 세상에서 가장 강한 사람은 누구인가? 자기 자신을 이기는 사람이다. 이 세상에서 가장 부유한 사람은 누구인가? 자기가 가진 것으로 만족하는 사람이다.'

매일의 생활에서 감사를 찾아내고 감사할 줄 아는 사람이 되도록 노력해야 합니다.

✒️ 활동 (1)

다양한 대상을 향해 감사의 말을 육하원칙으로 구체화해서 전해 봅니다(부모님께, 선생님께, 친구에게, 나에게 등).

✒️ 활동 (2)

오늘, 일주일, 한 달, 일 년, 그리고 내 삶 전체에서의 나를 돌아보고 감사의 내용을 각각 5개씩 써 봅니다.

✒️ 활동 (3)

일기의 형식으로 감사의 1분 연설문을 만들어 자기 스스로에게 말해 봅니다.

② 정직의 힘

우리는 정직을 바탕으로 세상을 살아야 합니다. 탈무드에서는 자기 자신을 억제하는 사람을 강한 사람이라 했습니다. 우리는 정직을 바탕으로 관계를 맺어가야 합니다.

'정직과 성실을 그대의 벗으로 삼으라. 아무리 친한 친구라 하더라도 마음속에 있는 정직과 성실만큼 그대를 돕지는 못한다.'

벤자민 프랭클린의 명언처럼 우리는 상황에 흔들리지 말고 한결같이 정직해야 합니다. 정직의 힘을 믿고 정직하게 살도록 노력합니다.

✎ 활동 (1)

아래 〈예 ①〉 내용을 크게 외쳐 보고 내용을 이어가 봅니다.

💬 예 ①

저는 정직의 힘을 믿고 정직하게 살도록 노력하겠습니다.

첫째, 오래가는 행복은 정직한 것에서만 발견할 수 있습니다.
둘째, 정직은 가장 확실한 재산입니다.
셋째, 노력은 언제나 정직합니다.
넷째, 세상의 어떤 것도 정직과 성실만큼 나를 돕는 것은 없습니다.
다섯째, (   )

③ 용서로 포용력 기르기

용서를 해 본 적이 있습니까? 아니면 용서를 받아 본 적이 있으신지요?
용서를 할 수 있는 넓은 마음은 사람을 향한 희망의 다리이며 나를
위한 행복의 열쇠입니다.

다른 사람을 용서하지 못하는 것은
자신이 건널 다리를 무너뜨리는 것과 같다.
- 조지 하버트

만일 나를 고통스럽게 만들고 상처를 준 사람에게 미움이나 나쁜 감정을 키워간
다면 내 자신의 마음의 평화만 깨어질 뿐이다. 하지만 내가 그를 용서한다면 내
마음은 그 즉시 평화를 되찾을 것이다. 용서해야만 진정으로 행복할 수 있다.
- 달라이 라마

당신의 적을 항상 용서하라. 그것만큼 그들을 신경쓰이게 만드는 것은 없다.
- 오스카 와일드

용서할 줄 알아야 사랑할 줄도 압니다. 용서는 내면의 평화를 열어주
는 열쇠입니다. 용서로 큰 마음을 만들어갈 수 있습니다.

🖊️ 활동 (1)

최근 화가 났던 경험을 적어 봅니다.

💬 예 ①

화가 났을 때 나는 어떻게 행동했는지 어떤 마음이었는지에 대해 그림도 그려 보고 글도 써 봅니다.

🖊️ 활동 (2)

화를 푸는 좋은 방법이 있다면 소개해 보세요.

💬 예 ①

심호흡하기, 음악 듣기, 산책하기, 화가 난 마음 그림으로 그려 보기, 소리 지르기 등

⟨4⟩ 존중과 배려의 리더십

앞을 못 보는 사람이 밤에 물동이를 머리에 이고 한 손에 등불을 든 채 길을 걷고 있었습니다. 그와 마주친 사람이 물었습니다.

"앞을 보지도 못하면서 등불은 왜 들고 다니십니까?"

그가 말했습니다.

"당신이 나와 부딪히지 않게 하려고요. 이 등불은 나를 위한 것이 아니라 당신을 위한 것입니다."

존중이란 높이고 중하게 여기는 것. 배려란 골고루 마음을 쓰는 것입니다. 리더의 덕목 중 으뜸인 존중과 배려는 모든 사람이 존엄 있고 가치 있는 존재라는 것을 인정하고 동료의 능력을 향상시켜 주기 위해 전념하는 마음입니다. 그것이 내가 중하게 여김을 받는 길입니다. 남을 존중하는 사람은 존중을 받을 수 있습니다.

배려의 세 가지 조건은 다음과 같습니다.

* **스스로를 위한 배려**
* **너와 나를 위한 배려**
* **모두를 위한 배려**

✎ 활동 (1)

위의 앞 못 보는 사람의 등불 이야기를 읽고 남을 배려해 본 경험과 그때의 감정, 교훈, 감동에 대해 말해 봅니다.

리더와 보스는 어떻게 다를까요? 보스가 아닌 리더가 되려면 공익에 부합해야 하고, 헌신적인 마음과 인간애에 기초해야 합니다.

헌신이란 개인적인 이해를 돌보기보다는 자신이 속해 있는 사회나 조직을 위해 온 힘을 다해 전력을 다하는 것이라 할 수 있습니다.

리더가 몸과 마음을 온전히 바치지 않는다면 그것은 헌신이 아닙니다. 몸과 마음을 온전히 바치는 것은 그 일이 중요하고 언젠가 그 일을 해내고 말겠다는 의지의 표명입니다.

그러므로 리더의 헌신은 리더의 신뢰성을 한층 높여 줍니다.

🖊 활동 ⑴

'버큰헤이드 호의 헌신' 이야기를 읽고 아래의 〈예 ①〉과 같이 이야기를 나누어 봅니다.

💬 예 ①

죽음을 앞둔 병사들의 심정을 서로 이야기해 본다.
세튼 대령의 헌신에 대해 느낀 점을 적어 보고 이야기를 나눈다.
남을 위해 헌신했던 경험에 대해 이야기를 나눈다.
진정한 리더의 모습에 대해 이야기를 나눈다.

행복이 스며드는 자녀 대화법 1

"엄마, 책이 재밌어서 계속 읽고 싶어요."

책읽기를 좋아하는 아이라니, 행복한 고민 아니냐구요?

과할 때가 문제인 것입니다. 아이들 중에는 한 번 책에 빠지면 식사하는 시간도, 숙제하는 시간도 잊고 책장만 넘기고 있는 아이들이 있습니다.

시간은 어느덧 11시, 이미 아이가 자야 할 시간을 훌쩍 넘겼습니다. 내일 다시 읽고 지금은 자야 하지 않겠냐고 몇 번째 얘기를 하는데도 아이는 계속 책에 얼굴을 파묻은 채 똑같은 말만 반복하고 있어요.

어제는 식탁에서도 밥을 먹는 둥 마는 둥 책에만 집중하다 옷에 국을 다 흘렸고, 중요한 숙제를 잊고 책에만 빠져 있다 선생님께 혼나고 오는 건 다반사입니다.

아이가 계속 책에 눈이 가 있으면 학교생활에도 지장이 크기 때문에 엄마는 걱정이 이만저만이 아닙니다. 엄마도 아이에게 화를 내고 싶진 않아 처음엔 잘 설득도 해 보고 이유도 설명해 봤지만, 결국은 말이 통하지 않는다는 생각에 자꾸만 화가 나요.

"너 지금 바로 안 누우면 혼날 줄 알아."

"엄마가 뭐랬어, 숙제 먼저 하랬지? 선생님이 혼내신 건 당연한 거야."

자, 어떻게 하면 슬기롭게 해결할 수 있을까요?

내일을 위해서 자야 하는 이유를 수도 없이 설명했는데도 아이가 습관적으로 한 시간 두 시간을 계속 연장해서 책을 읽는다면, 방법을 달리해 보면 좋겠습니다.

바로! 지혜로운 서로가 손해 보지 않는 밀당입니다. 밀당은 서로가 존중되고 인정하는 민주적인 밀당이어야 합니다.

엄마의 권위로 밀어붙이는 방식은 절대 금물이라는 것, 잘 알고 계시죠?

먼저 포도송이 같은 스티커를 붙일 수 있는 판넬을 준비합니다. 그런 다음 아래와 같이 활용해 봅니다.

① 책을 읽기 전에 학교에 갈 준비(숙제, 준비물 챙기기, 예습 등)를 모두 마친다는 약속을 합니다.

잘 지켜진다면 포도 잎사귀를 닮은 초록색 스티커를 하루에 하나씩 붙여 줍니다.

그렇게 학교에 갈 준비를 모두 갖춰 놓는다는 약속을 지켰다면 이어서 아래와 같이 진행합니다.

② 책 읽기의 구체적인 시간, 구체적인 목표를 정합니다.

잠자는 시간부터 엄마는 10분 연장, 아이는 30분을 더 보고 싶다고 하면 20분으로 성해 보는 거지요.

아니면 책의 페이지 수로 정해 보는 방법도 있습니다. 몇 쪽까지 읽는 걸로 밀당을 해서 협의를 만들어 내야겠죠?

그 시간이 되어 그 쪽까지 읽었다면 '완성꿀잠'이라는 스티커를 붙여 줍니다. 물론 스티커의 이름은 아이와 함께 잘 정하시면 됩니다.

③ 아이의 눈높이에 맞는 건전한 보상입니다.

'완성꿀잠' 스티커를 평일에 5개를 다 받았을 때 동메달 획득입니다.

최소 일주일이 걸리겠죠? 열흘이 걸리는 아이도 있을 거구요.

주말에 아이가 좋아하는 농구를 아빠와 같이 할 수 있습니다. 또는 만들기가 될 수도 있고 아이가 좋아하는 것 중 하나를 허용해 줍니다.

'완성꿀잠' 스티커를 10개를 받으면 은메달입니다.

최소 2주가 걸리겠죠? 날짜가 더 필요한 아이도 있을 거구요.

주말에 아이가 좋아하는 외식을 할 수 있습니다.

'완성꿀잠' 스티커를 한 달 동안 다 받았다면 금메달입니다.

정말 기특하지 않나요? 정말 훌륭합니다.

책을 좋아하는 아이이니 손을 잡고 서점으로 달려갑니다. 아이가 읽고 싶은 책을 고르게 합니다.

물론 건전하지 않은 책은 배제하는 가이드라인은 필요하겠지만 자기 손으로 고른 책이니 더 선명하게 아이의 배경지식으로 자리잡을 거에요. 성취감도 훨씬 클 것이구요.

물론 늦은 시간까지 책을 읽는 경우를 예로 들었지만 일상에서 아이의 습관을 바꿔야 할 다른 경우에도 저 밀당의 기술을 응용해서 사용하면 좋습니다. 보상의 내용도 가정의 고유성 및 분위기에 맞춰 응용하시면 됩니다.

포도송이가 푸른 잎사귀와 함께 알알이 맺힐 때마다 적절히 양보하면서 자기 의사표현을 정확히 할 수 있는 사회성이 발달하고, 부모와의 친밀감, 합리적인 의사표현, 더불어 약속 시간을 잘 지키는 생활습관도 자리잡을 겁니다.

꾸준히 인정과 칭찬 감사를 전하며 함께 성장해 보세요. 건강한 가정으로 가는 행복한 여정입니다.

스피치 수업을 할 때면 아이들이 가장 떨리는 대상이 있습니다. 누구일까요?

보이스트레이닝을 받고 있는 아이들은 선생님과 연습하면서 일정 기간이 지나면 짱짱하게 힘이 붙은 목소리가 나옵니다. 그리고 발음도 또렷해지면서 얼굴 표정에도 자신감이 넘칩니다.

스피치의 1차 목표인 전달력 향상이 어느 정도 이루어졌다고 판단될 때, 궁금해하시는 어머니께 '우리 아이 전달력이 이렇게 향상되었어요' 하면서 어머니를 수업에 참관시키는 시점이 옵니다.

미리 예고가 되어있는데도 아이들은 이 순간부터 흔들립니다.

"선생님, 떨려요. 원고 내용이 생각이 안 나려고 해요. 목소리가 크게 안 나올 것 같아요."

드디어 가장 좋아하는 부모님이 전면에 자리를 잡고 온화한 미소를 띠고 있는데도 아이는 연습했을 때의 70~80% 정도만을 발휘합니다. 발음이 꼬이기도 하고 목소리에 떨림이 있기도 하죠.

아이도 어머니도 기대보다 아쉬움을 남기겠죠. 하지만 저는 압니다. 대부분의 아이들이 겪는 공통점이거든요.

왜 그럴까요? 가장 친한, 가장 편한 엄마 앞에서 오히려 더 자신감 넘치고 안정된 발표나 표현력이 나와야 하지 않을까요?

그 이유는 바로, 부모님을 사랑하기 때문입니다.

부모가 아이를 사랑하는 마음처럼 아이도 어머니를 뿌듯하게, 그리고 기쁘게 해드리고 싶은 본능이 있습니다.

"엄마를 실망시켜드리지 않아야 할 텐데."

"엄마를 뿌듯하게 해 드리고 싶은데…."

"내 모습을 보고 행복하셨으면 좋겠다."

엄마를 향한 아이의 마음은 우리 부모들이 생각하는 그 이상입니다. 그렇기 때문에 잘 하려는 마음에서 더 긴장을 하고 오히려 실수를 불러오는 것이지요.

자, 이런 상황에서 우리 엄마는 어떻게 해야 할까요? 애매한 웃음을 짓고 있거나, "떨리는구나. 긴장하면 더 생각이 안 나고 엉망이 돼" 등의 충고하려는 말은 아이를 더 위축하게 만들죠. 이런 말은 하시면 안 됩니다. 또 "거 봐, 평소에 집에서 연습 좀 하랬지?" 하며 질책하는 어머니도 계십니다. 그 자리에서는 반드시 피하셔야 할 말입니다. 따뜻하게 안아주며 격려해줄 수 있는 마음의 여유를 가지셔야 합니다.

"우리 민수 정말 잘 했어. 평소에 잘하고 있는 것 선생님께 들어서 잘 알아. 엄마 앞에서 이만큼 할 정도면 얼마나 잘하는 거야? 너무 많이 발전했는걸. 꾸준히 하면 큰 무대도 휘어잡겠다. 열심히 노력해 줘서 고마워."

초등학생이라면 약간은 과하다싶은 칭찬으로 인정해 주셔도 괜찮습니다.

비단 말하기의 경우뿐만 아니라 학교생활이나 학습 등 어떤 분야도 마찬가지입니다. 아이가 엄마를 기쁘게 해주려는 본연의 마음을 읽고 그에 대해 나오는 실수를 이해하시고 노력에 대한 인정과 칭찬, 고마움의 표현을 해준다면 아이의 자존감은 오히려 올라갈 것이고, 서로의 친밀감도 더 커질 것입니다.

엄마가 아이를 사랑하고 아끼는 만큼 엄마를 향한 아이의 마음도 사랑의 마음으로 가득 차 있음을 알고, 그 사랑을 잘 이끌어내도록 아이를 세심하게 관찰하고 보살피도록 항상 노력하셔야 합니다. 그것이 건강한 가정으로 가는 우리 엄마들의 여정이고 성장입니다.

PART 2,
자신감 내면 강화
[Start]

자신감 갑옷 장착

거절을 못 하는 습관 때문에 생활 속에서 곤란을 겪은 경우가 있나요? 저도 상대가 서운해할까봐 쉽게 거절하지 못했던 경험이 있습니다. 그러나 때로는 이런 소심함이 더 큰 어려움을 가져올 수 있습니다.

거절을 해야 하는 상황에서는 부드럽지만 단호하게 거절하는 것도 용기와 실행력을 필요로 합니다. 정확하고 솔직한 자기표현은 오히려 담백하고 후유증이 남지 않는 좋은 관계로 발전하게 합니다.

자신의 생각과 판단을 합리적으로 전달하는 힘, 그것은 바로 강화된 내면에서 나오며 곧 적극적인 사고로 확장되고 실행력으로 이어집니다. 자신감 있는 사고로 내면을 강화시킨 후 기회를 맞이하여 적극적으로 도전하는 사고를 생활화해야 합니다.

자그마한 성취에도 나를 칭찬하고, 칭찬을 통해 자신의 존재를 긍정적으로 바꾸면 그것은 스스로의 가치를 높이고 나의 내면에 강한 자신감을 만들어 줄 것입니다.

부정적인 생각들이 들 때마다 고착된 나의 고정관념들이 무엇인지 생각해 보고 이를 긍정으로 전환하는 연습을 합니다. 소심은 섬세함이고 소극은 신중함이라 할 수 있듯이, 긍정적인 사고로 전환해 보는 것입니다.

🖋 활동 (1)

부정의 고정관념 버리기

💬 예 ①

부정의 고정관념을 풍선에 쓰거나 붙여서 터뜨리기

💬 예 ②

부정의 고정관념을 적어 비행기 접어 날리기

💬 예 ③

부정의 고정관념을 유리에 물감으로 써서 물로 씻어내리기

2 긍정의 힘, 말의 힘

평소에 사용하는 말을 잘 살펴보며 나는 긍정의 언어들을 많이 사용하고 있는지, 즐겁고 유쾌한 언어를 많이 사용하고 있는지를 되돌아볼 필요가 있습니다. 또한 말로써 상처를 받았거나 주었던 경험도 되돌아보세요.

'피그말리온 효과'를 아시나요?

피그말리온 효과란 타인의 기대나 관심으로 인하여 능률이 오르거나 결과가 좋아지는 현상을 말하는 것입니다. 즉, 피그말리온 효과는 누군가에 대한 사람들의 믿음과 기대와 예측이 그 대상에게 그대로 실현되는 경향을 말합니다. 긍정의 표현과 주문은 그 소망과 희망을 이루기 위한 믿음의 원천입니다.

또한, '입술의 30초가 가슴의 30년이 된다'라는 말을 들어 보셨나요?

가볍게 내뱉은 말이 누군가에겐 오랫동안 지워지지 않는 충격이 될 수도 있습니다. 긍정적인 말의 중요성을 일깨워주는 속담들도 예로부터 많이 전해 내려옵니다.

긍정의 메시지는 나 자신은 물론, 우리 모두를 기쁘게 하고, 우리에게 힘을 주며, 삶에 행복이 스며들게 하는 마력이 있습니다.

✐ 활동 (1)

긍정언어의 감정카드로 요즘 자신의 감정 중 기쁘고 희망적인 내용의 이야기를 소개해 봅니다. 또 부정언어의 감정카드로 비판, 비난, 불만과 관련한 이야기 혹은 우울했던 내용의 이야기를 소개해 봅니다.

✐ 활동 (2)

감정카드를 이용하여 두 명의 친구를 소개합니다. 한 친구는 자랑거리에 대한 이야기로, 다른 친구는 단점을 지적하는 이야기로 소개한 후 듣는 사람이 두 친구에 대해 가지게 된 선입견과 느낌을 비교해 보고 말의 중요성에 대해 이야기를 나눠 봅니다.

TIP 💡

> 활동 (2)의 과정에서 듣는 사람의 표정이나 반응을 관찰하고, 두 가지 경우에서 말하는 사람과 듣는 사람의 기분, 느낀 점에 대해 서로 이야기해 봅니다.

✐ 활동 (3)

다음 〈예 ①〉의 피그말리온 이야기를 읽어 봅니다.

💬 예 ①

조각가인 피그말리온은 현실 세계의 여성이 아닌, 자신이 생각하기에 가장 이상적인 모습의 여인상을 조각했습니다. 피그말리온은 이 조각상의 완벽한 모습에 빠져들어 자신이 조각한 여인상에게 완전히 몰입하였습니다. 입을 맞추고 옷을 입히면서 살아 있는 여성을 대하듯이 행동하기 시작했습니다. 그렇게 피그말리온은 조각상이 진짜로 살아있는 여인이었으면 좋겠다고 생각하며 간절하게 바라기 시작합니다.

피그말리온은 미의 여신 아프로디테에게 제물을 바치며 조각상이 자신의 아내가 되게 해달라고 간절하게 기도를 하며 빌었는데 그의 진심어린 마음에 감동을 받은 아프로디테는 그의 소원을 들어주기로 합니다. 집에 들어온 피그말리온은 여느 때와 다름없이 조각상에 입을 맞추었는데, 조각상에서 온기가 느껴지며 실제로 살아있는 여인의 모습으로 변하였습니다. 피그말리온은 살아있는 여인이 된 그녀에게 갈라테이아라는 이름을 붙여주었고 둘은 결혼을 하게 됩니다.

이렇게 간절하게 원하거나 긍정적인 결과를 원하면 그대로 이루어지는 이야기에서 유래된 것이 '피그말리온 효과'로 불리게 되었습니다.

누구도 모든 것을 다 잘할 수는 없습니다. 하지만 옆에서 누군가가 도와주고 격려해 준다면 그 사람은 훨씬 더 큰 능력을 발휘할 것입니다.

부모님 또는 선생님이 이야기를 들려주거나 본인이 두세 차례 크게 낭독합니다.

✍️ 활동 (4)

'피그말리온 효과'처럼 긍정적 말이나 생각이 긍정적 결과를 만들어낸 경험을 써 보고 발표해 봅니다.

✍️ 활동 (5)

칭찬의 말을 돌아가며 전해 보거나 칭찬 롤링페이퍼를 돌려 봅니다 (칭찬 샤워).

3 성장하는 나를 사랑하자

자기 자신이야말로 영원히 함께 가야 할 친구입니다. 자기애를 키우기 위해서는 실패의 수용, 도전, 경험 등이 필요합니다.

* 기록하기

→ 휴대폰의 메모장이나 SNS 등 각종 도구를 이용해 기록하는 습관을 만들어가도록 합니다. 문제해결의 시작은 기록하기부터 출발합니다. 문제를 파악하고 진단하기 위해, 나 자신과의 대화 도구인 기록하기를 실행합니다. 기록은 문제를 인식하게 하고 나아가 스스로 해결점에 도달하게 하는 합리적인 도구입니다.

* 운동하기

→ 나를 관리하고 건강하게 유지하는 것이 바로 자신을 사랑하는 일입니다. 몸과 마음을 소중하게 여기는 것, 나를 응원하고 사랑하는 마음, 꾸준한 운동을 통해 건강한 육체를 유지하는 일 등의 직은 실천들이 영원한 친구인 자신을 진정으로 사랑하는 것입니다.

* 성취의 경험 맛보기

→ 실현 가능한 목표를 세우고 실천하면서 성취의 경험을 쌓아가는 행위 또한 나를 사랑하는 실질적인 방법입니다. 꾸준히 목표를 향해 나아가며 작은 성취의 경험들을 쌓아갑니다. 나에 대한 믿음이 쌓이고 노하우가 생기며 가치 있는 자신을 만들어가는 것, 이것이 진정으로 자신을 사랑하는 방법입니다. 중요한 것은 나를 무조건적으로 사랑하는 것이 아니라 '노력하는 나'를 사랑해야 합니다. 물론 무조건적인 사랑도 필요하지만, 긍정적 범위를 넓히면서 자신을 발전시키고 사랑해야 합니다.

✍️ 활동 (1)

성취의 경험을 위해 오늘부터 변화할 긍정의 자기 약속과 다짐을 선언해 봅니다.

💬 예 ①

오늘부터 저는 기록하기를 더욱 꾸준히 하겠습니다. - 구체적인 방식과 매체 등을 기록

💬 예 ②

오늘부터 저는 운동을 규칙적으로 하겠습니다. - 구체적인 종류와 시간 등을 기록

💬 예 ③

오늘부터 저는 집중을 위해 제 방을 깔끔히 정돈하겠습니다. - 구체적인 계획을 기록

✍️ 활동 (2)

동기부여 구호

💬 예 ①

여러분! 생각이 바뀌면 행동이 바뀝니다.
행동이 바뀌면 인생이 바뀝니다.
오늘부터 긍정적인 사고로 생각을 바꿉시다!
놀라운 변화를 경험하게 될 것입니다.

발표불안과 극복

⟨1⟩ 발표불안의 원인

대부분의 사람은 누구나 긴장과 불안을 동반하는 발표불안을 가지고 있습니다. 나만 그런 것이 아니고, 대중 앞에 서는 누구나 긴장과 불안을 지울 수는 없는 것입니다. 그렇다면 발표불안의 요인은 무엇일까요?

① 첫 번째는 청중을 지나치게 의식하는 심리에서 오는 요인입니다.

완벽주의 성향이 짙어 청중을 지나치게 의식하다 보면 긴장과 불안이 더 커지게 되고, 잘 하려는 생각이 부담으로 작용하여 청중을 우호적인 대상으로 보기보다는 나를 평가하는 사람으로 느끼게 됩니다.

또, 준비가 부족하고 리허설이 제대로 되지 않았을 때도 자신감이 약해지고 긴장과 불안의 정도가 심해집니다. 낯선 장소나 긴장되는 상황에서 강도는 더 심해질 수 있습니다.

② 두 번째는 경험적 요인입니다.

예전에 사람들 앞에서 스피치를 하다가 내용을 잊었던 경험, 목소리가 떨렸던 경험, 마이크라든지 기계의 문제로 당황했던 경험이 있다면 트라우마로 남아 미리 걱정을 하게 되어서 더욱 긴장할 수 있습니다.

발표불안을 극복하기 위해서는 평소에 긴장 극복 마인드를 간직해야
합니다.

✱ 미리 걱정하지 않기
→ 부정적인 미래를 예측하기 때문에 더욱 긴장이 고조됩니다

✱ 현재에 집중
→ 혀 스트레칭이나 입술 풀기 등에 도움이 되는 말 반복 연습, 마음을 편안하게 하는
음악 듣기. 자기만의 몸동작, 자기만의 구호, 심호흡 등

✱ 완벽주의 버리기
→ 완벽하게 하려는 압박감을 줄이고 평소처럼 자연스럽게 말하기

✱ 청중은 내 편
→ 나를 평가하는 사람이 아니라, 나와 이야기를 나누고자 하는 내 편이라고 생각하기

✱ 누구나 긴장한다는 것을 인정
→ 긴장을 받아들이고 익숙해지려 노력하기

✱ 성공 이미지 상상
→ 우레와 같은 박수, 활짝 웃는 나의 모습을 상상하기

두려움은 생각만으로 없어지지 않습니다. 두려움에 맞서는 적극적인
행동을 통해서 극복됩니다.

＊ 너무 완벽하려 하지 말고 일단 시도해 보는 도전정신을 가집니다.

→ 잘 하려고 할 때 더 심하게 떨게 됩니다. 너무 완벽하게 잘 하려 하지 말고 그냥 해
   보는 것, 그 적극성이 중요합니다.

＊ 충분한 연습을 하되, 실수를 즐길 수 있는 편안한 마음으로 임합니다.

→ 어느 정도의 발표 불안증은 오히려 스피치의 질을 높이는 효과를 가져오기도 합
   니다. 과한 연습은 없다는 말이 있는 것처럼 불안증을 극복하기 위해서는 준비와
   연습을 철저히 해야 합니다. 반드시 리허설을 충분히 하되, 실수조차 즐길 수 있는
   편안한 마음으로 임합니다.

＊ 심호흡, 자기암시, 상상 리허설을 통해 긴장감을 줄일 수 있습니다.

활동 ⑴

심호흡을 하며 자기암시를 연습해 봅니다.

예 ①

나는 나를 믿는다!
지금도 잘하고 있고 앞으로도 잘할 거야.
너무 걱정할 필요는 없어.
넘어진 만큼 빨리 달릴 수 있다!
하루 5분이 나를 바꾼다!
끈기 있게 꾸준히 노력하자.
나에게는 의지와 용기가 있다. 행동하자!
나는 열정적인 최고의 스피커다!

✏️ 활동 (2)

반복되는 잰말놀이로 입술을 풀면서 긴장감을 완화해 봅니다.

💬 예 ①

알리알리 알라셩 알리알리 알라셩

💬 예 ②

앞집 팥죽은 붉은 팥 풋 팥죽이고, 뒷집 콩죽은 햇콩 단콩 콩죽, 우리 집 깨죽은 검은 깨 깨죽인데 사람들은 햇콩 단콩 콩죽 깨죽 죽 먹기를 싫어하더라.

✏️ 활동 (3)

현재의 발표불안 상태를 스스로 인정해 봅니다.

💬 예 ①

발표하기 전에 저는 가슴이 심하게 뛰고 손이 떨립니다. 그래서 마음을 진정시키려 깊은 심호흡을 합니다.
(하나, 둘, 셋, 하나, 둘, 셋)
그리고 자기 암시를 합니다.
(나는 잘 할 수 있다, 나는 잘 할 수 있다)
또 입술을 풀고 혀를 상하좌우로 움직여 봅니다.

인성 스토리의 지혜

1 주인공 및 등장인물 되어 보기

책에는 인성을 함양하는 내용들이 많이 수록되어 있습니다. 존중, 배려, 헌신, 협동, 근면, 용서, 리더십 등의 내용입니다. 독서는 리더십을 키우고 나아가 스피치의 역량을 높여 더 사실감 있고 진실되게 전달하는 초석이 될 수 있습니다.

주제별 인성 스토리를 통해 타인의 다름을 인정하고 존중하는 마음을 키우며 배려심과 지혜를 키워 솔선수범의 리더십을 함양합니다.

✏ 활동 (1)

'마을을 구한 소년 한스' 이야기를 읽고 주인공 및 등장인물이 되어 봅니다.

💬 예 ①

그 상황에서 등장인물의 마음은 어땠을지 생각해 봅니다.
(감정이입하기)

💬 예 ②

내가 주인공이었다면 그 상황에서 어떻게 했을지 생각해 봅니다.
(사건별로 구체적으로)

💬 예 ③

주인공과 관련된 여러 수식어 및 명칭을 붙여 줍니다.

(주인공의 별칭, 주인공의 비석에 새길 말 등)

② 줄거리 재전달

이야기의 줄거리를 다시 전달하는 활동을 해 봅니다.

느낀 점, 깨달은 점, 새로 알게 된 점 등을 포함해서 말해도 됩니다.

✐ 활동 (1)

'마을을 구한 소년 한스' 이야기를 읽고 줄거리를 다시 이야기해 봅니다.

③ 내 경험과 접목하여 교훈 나누기

읽은 이야기와 비슷한 경험이 있다면 말해 보거나 글로 써 봅니다.
또 다른 동화로도 다양하게 활동해 봅니다.

✎ 활동 (1)

'마을을 구한 소년 한스' 이야기를 읽고 남을 위해 헌신했던 경험에
대해 이야기를 나누어 봅니다.

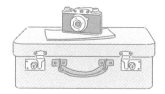

행복이 스며드는 자녀 대화법 2

① 내 아이 발끝 맞추기

함께 생각해 봅시다.

우리 집에 갑자기 손님이 온다고 합니다. 친구가 될 수도 있고, 어려운 시부모님이 오실 수도 있겠죠?

지금 어질러져 있는 집을 열심히 정리하느라 청소기도 돌리고, 바쁘게 이리저리 움직이고 있어요.

그런데 아이가 자꾸 무언가 질문을 합니다.

"엄마, 이것 좀 봐주세요."

"엄마, 이걸 모르겠어요."

"엄마, 좀 찾아주세요."

청소 후 식사도 준비해야 하고 시간이 촉박하다고 생각하고 있는데 아이가 자꾸 뭔가를 요청합니다.

"어딘가 있을 거야. 네가 좀 찾아봐."

"엄마 바빠, 좀 이따 해줄게."

"너 혼자 하고 있어. 지금은 안 돼."

자, 생각해 봅시다.

청소기의 소음 속에서 버럭 소리를 지르며

"지금 엄마 청소하는 거 안 보여? 잘 안 들려. 이따 얘기해."

이렇게 화를 내며 대응할 가능성도 큽니다.

음식을 하면서도 마찬가지겠죠?

"지금 너무 바빠. 숙제부터 하고 있어."

이렇게 명령조의 말투가 나올 수도 있습니다.

상황을 그려 봅시다. 지금 우리의 몸은 어디를 보고 있나요?

이런 상황에서 우리의 몸이 아이를 보고 있을 가능성은 상당히 낮습니다. 아마 청소기를 돌리면서, 혹은 음식하는 주방에서 아이에게 등을 보이며 커다란 목소리로 이야기를 하고 있을 것입니다.

하지만 이런 상황에서 아이들은 자신에게 정성껏 귀를 기울이고 있는 부모의 모습을 보아야 자신이 수용된다는 생각을 가지게 되고 자존감이 높아집니다.

이 수용은 아이에게 안정감을 주어 마음의 문을 열고 대화를 한층 즐겁고 능동적으로 받아들이도록 긍정성을 만들어주게 됩니다. 나아가 친구나 다른 사람과의 대화 역시 즐겁게 받아들이는 긍정성으로 이어질 수 있습니다.

적당한 추임새와 함께 아이를 지그시 바라보며 말하는 부모의 기본 품성을 간직할 수 있도록 노력해야 합니다.

그럼 우리 부모님들은 어떤 마음과 자세로 아이를 대하면 좋을까요? 이것이 지금부터 말씀드리려는 오늘의 핵심 주제입니다.

바로 '발을 돌려 아이를 보자!'입니다.

아무리 바쁘다 하더라도 1분에서 2분 정도 짬을 낸다면 충분히 아이와 바람직한 대화를 할 수 있습니다. 아이와 대화를 할 때는 눈, 가슴, 발을 돌려 아이를 마주보아야 합니다. 몸을 돌려 아이를 지그시 응시하며 추임새를 넣어 아이의 마음을 읽어주고 엄마의 상황을 설명하시면 됩니다.

"지금 급하게 찾고 싶은 물건이 있구나. 잘 안 보여서 속상했지?"

"이 문제를 풀고 싶은데 잘 안 풀렸어? 우리 딸 열심히 공부했네."

"저녁 반찬이 뭔지 궁금하지? 배가 고픈 시간이 되었네."

이렇게 아이의 마음을 읽어주는 대화를 먼저 하면 좋습니다. 그 다음 엄마의 상황을 차분히 설명합니다.

"갑자기 손님이 오셔서 엄마가 마음이 급하네. 지금은 좀 어려울 것 같아. 시간이 나면 같이 확인해 보자. 이해해줄 수 있지?"

대화의 기본 태도인 존중과 수용의 마음이 있다면 이런 엄마의 모습을 보여주는 것은 어렵지 않을 것입니다. 이 때 중요한 것은 엄마의 몸, 즉 눈과 가슴과 발끝은 아이를 향하고 있어야 한다는 것입니다. 하던 일을 잠시 멈추고 몸을 돌려 아이를 보며 비언어적인 요소를 정성껏 활용하고 표현해야 한다는 것입니다. 아이에게 들려지는 목소리, 아이에게 보이는 표정이나 시선이 아이를 존중하는 엄마의 모습이어야 합니다.

아이는 부모의 뒷모습을 보며 자란다고 합니다. 부모의 행동, 말, 정성이 모두 아이에게 그대로 전달되는 교육의 한 부분이라 생각하시고 정성껏 아이를 대하시기 바랍니다. 그것이 건강한 가정으로 가는 우리 엄마들의 여정이고 성장입니다. 또한 엄마인 내 인생이 행복을 향해 가는 밑거름인 것입니다.

② 아이의 고칠 습관을 즐겁게 각인시키는 삼총사 화법

어머니들! 아이들이 공부를 할 때, 혹은 숙제를 할 때 아이의 바르지 않은 자세 때문에 고민하는 분 많으시죠?

오늘의 주제는 아이의 고칠 습관을 즐겁게 각인시키는 '삼총사 화법'입니다.

의자에 엉덩이를 붙이지 않고, 발을 올려서 좌우로 이리저리 움직이기도 하고 의자 위에 무릎을 꿇고 공부를 하는 아이도 봤어요. 만약 옆에 형이나 동생, 친구가 있다면 콕콕 찌르면서 이야기를 걸어보려고 할수도 있겠지요?

우리가 보통 '산만하다'고 이야기하는 그 모습들입니다. '저렇게 몸을 가만두지 않고 도대체 집중이 될까?' 고민이 많으실 겁니다. 아이들은 긴 시간 동안 같은 자세로 있는 것을 많이 힘들어합니다. 에너지가 넘치는 남자아이들은 더 심할 수도 있구요.

저는 아이들과 수업을 하면서 첫 시간에 꼭 부탁하는 세 가지가 있습니다. 바로 언제나 실효를 거두는 삼총사 화법입니다. 유치부 5세 정도부터 초등학교 4학년 혹은 초등학교 전 학년에게 모두 적용할 수 있는 화법입니다.

"민수야, 엄마가 민수한테 꼭 부탁하고 싶은 삼총사가 있어. 딱 세 가지만 말할 건데 기억할 수 있을까?"

이렇게 이야기를 시작하는 거죠.

삼총사라는 말에 아이가 관심을 가지고 바라봅니다. 평소에는 이야기하지 않던 '삼총사'가 등장했거든요. 어학사전에 보면, '친하게 잘 어울려 다니는 세 사람'을 삼총사라고 합니다.

"1총사는 뭘까? 바로바로 바른 자세야. 첫 번째 친구지. 바른 자세는 허리를 쫙 펴 주니까 키도 크게 해주고, 등이 바르게 되니 몸도 예쁘고, 음, 또 어떤 점이 좋은지 민수가 생각해 볼래?"

질문을 섞어주면 아이의 기억이 강화됩니다.

"엄마, 소화도 잘 되겠죠?"라고 대답하는 아이도 있어요. 맞아요. 소화도 잘 됩니다. 그리고 더 중요한 이 말을 꼭 덧붙입니다.

"자세가 좋아야 친구들이나 선생님께 믿음을 줄 수 있어. 민수야, 친구 중에 자세를 바르게 멋지게 하고 공부하는 친구랑 옆으로 비스듬히 앉아 움직이면서 공부하는 친구가 있다면 누구한테 더 믿음이 가고 누구랑 더 친해지고 싶어?"

아이들은 열이면 열, 모두 좋은 자세를 가진 친구를 꼽습니다.

"자 이제 2총사가 남았네. 그래 두 번째 총사는 뭘까? 바로바로 집중력이야. 집중력이 뭘까? 민수가 생각나는 대로 말해보자. 정답이 아니어도 괜찮아."

아이는 자기의 연령에 따라 다양하게 나름대로 집중력을 설명합니다. 초 1정도의 어린아이는 "집중력은 집중하는 거에요"라고 말하기도 하죠. 또, "선생님 말을 잘 듣는 거요", "딴 짓 안 하고 열심히 하는 거에요"라고 답하기도 합니다.

"그래 모두 맞았어. 엄마는 집중력에 대해 이렇게 생각해. 지금 하고 있는 일을 최선을 다해서 열심히 하는 거야. 지금 하고 있는 공부라든지 그림그리기라든지 그 한 가지를 열심히 하는 거지."

"벌써 바른 자세 1총사와 집중력 2총사가 나타났지? 자, 그럼 민수야, 바른 자세로 집중하려니 힘들겠지? 얼마나 힘들까?"

그럼 아이들은 심각한 표정을 지으며 말합니다.

"좀 힘들 것 같아요."

"맞아, 그래서 세 번째 3총사는 바로 참을성이란다. 바른 자세로 집중하려니까 힘들 때에 참을성이란 친구가 나타나는 거야. 10분 바른 자세로 참았으면 내일은 15분으로 늘려 볼까? 그리고 모레는 조금 더 참아보는 거야. 이렇게 바른 자세랑 집중력이랑 참을성 삼총사를 매일 잘 데리고 다니면 공부도, 숙제도, 그림그리기도, 더 빨리 발전할 수 있겠지? 그리고 무엇보다 우리 민수가 친구들이나 선생님, 부모님께도 믿음과 행복을 심어주는 거지."

나이가 많이 어린 유아라면 참을성을 설명할 때 화장실 갈 시간을 참는다든지, 아플 때 참는다든지 하는 오해가 생기지 않도록 특별한 경우에는 예외라는 설명을 덧붙일 필요가 있습니다.

그리고 이런 삼총사를 잘 활용하여 이름을 떨친 사람을 예로 드는 것도 좋습니다. "김연아 선수가 차갑고 딱딱한 얼음 위에서 몇 번이나 넘어졌을까?"라고 질문하면서, "너무 힘들었을 텐데도 집중하고 참아내서 금메달을 딸 수 있는 멋진 사람이 된 거지"라고 예를 들어주는 것은 더 큰 공감을 불러일으킵니다. 남자아이들한테는 손흥민 선수를 예로 드는 것도 좋겠네요.

"자, 우리 민수 오늘부터 삼총사를 떼놓지 않고 잘 데리고 다닐 수 있을까? 민수까지 4총사네. 민수가 대장해서 잘 데리고 다니자. 버리지 말고."

물론 초등학교 고학년 정도가 되면, 같은 내용이라 해도 화법은 그 아이의 연령에 맞도록 조금은 변화를 주어야겠죠? 초등학생까지는 습관을 개선하는데 도움이 많이 됩니다.

그리고 시간이 지나서 잊을 만할 때 가끔 퀴즈의 형태로 확인합니다. "1총사 2총사 3총사가 뭐였지?"

잘 맞추고 있다면 아마 아이는 나름대로 이 세 가지를 지키려고 노력도 하고 있을 겁니다. 하루아침에 쉽게 고쳐지지 않을 수도 있지만, '삼총사 화법'으로 전달된 이 내용은 아이에게 잘 각인되리라 생각합니다.

만약 아이의 산만한 자세나 집중력이 좋아지고 있다면 크게 칭찬해야 합니다.

"우리 민수 자세가 너무 좋아졌는걸? 민수 때문에 엄마가 너무 기분이 좋아."

"와, 힘들어도 꾹 참고 숙제를 끝까지 했구나. 엄마는 너무 행복한데?"

엄마가 '행복해', '뿌듯해' 등의 감정을 덧붙여서 칭찬하는 방법은 참 좋습니다. 아이는 칭찬의 힘에 엄마를 기쁘게 하는 일이 신나서 점점 더 삼총사를 잘 지켜갈 것입니다.

교육은 기다림이고 사랑이라 했습니다. 우리 어머니들도 인내를 가지고 아이의 성장에 정성을 다해 주시기를 바랍니다.

PART 3.

스피치의 세계로
[Speed Up]

스피치의 기본

스피치란 여러 사람들 앞에서 자기의 의견이나 주장 등을 말하는 행위이자, 청중과 공감대를 형성하기 위해 자신의 의견을 조리 있게 말하는 행위입니다.

스피치는 다양한 의미의 전달을 달성하기 위한 것이므로, 상대가 잘 이해할 수 있고 공감할 수 있으며 나아가 행동으로 실천할 수 있는 스피치를 하도록 노력해야 합니다.

우리가 하는 말에는 어떤 메시지이든 전달해야 할 내용과 목적이 있습니다. 말을 할 때에는 크든 작든 반드시 목표가 있는 것입니다.

우리가 상대에게 메시지를 전달할 때는 크게 세 가지의 목표를 위해 노력하게 됩니다.

① 상대가 나의 말을 이해하는 것입니다.

어떤 주제를 전달하려고 하는지, 즉 그 말의 기본적 내용을 이해하도록 전달하는 것이 스피치의 첫 번째 목표입니다.

상대가 말의 주제를 제대로 파악하지 못한다면 스피치의 기본 목적이 달성되지 않았다고 볼 수 있습니다. 이것에는 여러 가지 원인이 있을 수 있습니다. 주로 발음, 발성, 어조 등의 문제일 가능성이 큽니다. 그러나 이 문제는 심리적인 문제가 반영되어 야기된 결과일 수도 있습니다.

② 상대가 나의 말에 공감하게 된다면 조금 더 진전된 스피치의 목적을 달성하는 것입니다.

"그래, 맞아. 나도 그렇게 생각해"라면서 머리를 끄덕이며 공감을 하게 된다면 한층 나의 말에 몰입하는, 호응도 있는 청중이 될 것입니다. 상호작용이 일어나는 스피치의 목적을 어느 정도 달성한 셈입니다.

③ 상대가 행동으로 실천하는 것입니다.

나의 말에 공감한 후, 내 스피치의 내용을 잘 습득하여 일상생활에 변화가 생기고 행동으로 실천한다면 우리는 스피치에 있어 가장 최상의 목적과 목표를 달성했다고 볼 수 있습니다. 이는 모든 스피커들의 바람이라고도 볼 수 있겠죠?

어떤 관계의 만남이든 상대가 나의 말에 귀를 기울이고 고개를 끄덕이고, 나아가 행동으로까지 실천하게 하는 멋진 스피커가 되기 위해서는 다양한 요소들이 존재합니다.

말을 잘 하기 위해서는 어떤 요소들을 갖추어야 할까요? 많은 지식과 능력을 내면에 갖추고 있는 사람이 스피치가 부족하여 제대로 된 평가를 못 받는 경우가 종종 있습니다. 사회적으로 한 사람을 평가할 때, 현대사회에서는 그 사람이 가진 능력들 중에서 스피치의 능력이 단연 중요한 기준 중의 하나가 되어있는 것이 사실입니다.

스피치의 성공 여부는 다음의 세 가지로 결정된다고 볼 수 있습니다.

① 심리적인 요소입니다.

자신감과 당당한 태도는 청중의 안정감과 집중도를 향상시킵니다. 말을 할 때 당황하는 이유는 다른 사람의 시선을 의식하기 때입니다.

아이들이 혼자서 말을 할 때는 여유롭게 잘 하다가도 엄마나 청중을 참관시키면 평소의 70~80% 정도밖에 발휘하지 못하는 경우를 종종 볼 수 있습니다. 타인의 시선에서 자유로울수록 긴장과 당황에서 빨리 벗어날 수 있습니다.

자신감, 용기, 배짱을 갖추도록 내면을 강화하는 훈련이 필요합니다. 최고의 스승은 경험입니다. 넘어질수록 빨리 달릴 수 있다는 사실을 인지하고 더욱 발전할 수 있는 기회를 만들어 주어야 합니다.

② 기술적인 요소입니다.

우리의 말은 음성언어와 몸짓언어로 구성됩니다. 여유롭고 깊은 복식 호흡을 통한 울림 있는 발성과 또렷한 발음, 상대에게 편안히 전달되는 어조는 스피치의 기초공사입니다.

거기에 강조법, 감정을 이입한 목소리의 변화 등 음성적 기술의 여러 요소가 다양하게 덧입혀집니다. 또한 자연스러운 시선처리와 제스처, 움직임 등의 몸짓언어로 감동적이고 열정적으로 전달력 있는 스피치를 구사할 수 있습니다.

메라비언의 의사소통 법칙에 따르면 의사소통에서 표정·몸짓·시선 등의 시각적 요소가 55%로 가장 큰 비중을 차지했고, 음성·억양 등의 청각적 요소는 38%의 영향을 준다고 합니다. 그리고 언어는 불과 7% 만 영향을 준다고 합니다. 그만큼 비언어적인 요소가 크게 작용한다는 것을 알 수 있습니다.

③ 내용적 요소로, 공감될 수 있는 주제입니다.

듣는 사람이 편하게 내용을 이해할 수 있고 고개를 끄덕이게 하는 말, 공감이 일어나는 알찬 내용의 말을 전한다면 우리는 앞에서 말한 스피치의 목적을 달성하는 데 한층 더 다가설 수 있을 것입니다.

평소 다양한 독서와 경험 및 체험으로 이루어진 배경지식과 상상력 이 갖추어져 있다면 논리적으로 단단한 내용을 만들어 낼 수 있는 힘 이 될 것입니다.

많은 경험을 하고 행동으로 실천하여 언제나 풍부한 배경지식을 쌓 도록 노력해야 합니다.

3 스피치 용어

(1) Voice(음성)

사람의 발음기관에서 나오는 구체적이고 물리적인 소리입니다. 발음하는 사람에 따라, 발음하는 때에 따라 소리가 다르게 나기도 합니다. 자음과 모음으로 분류할 수 있습니다.

음성이란 성대의 작용에 의해 비롯되는 것으로, 성대가 팽팽하게 펴져 있을 때는 높은 소리를 내고, 움츠러져 있을 때는 낮은 소리를 내게 됩니다. 또한 폐에서 나오는 공기의 강약에 따라 그 힘이 강하면 큰 소리가 나오고, 힘이 약하면 작은 소리가 나오게 됩니다.

좋은 음성을 가지려면 반복된 음성훈련이 필요합니다.

(2) Tone(음조)

목소리의 분위기나 높낮이를 말하며, 말하는 사람의 음성에 실린 개성을 말합니다.

소리에는 높낮이, 강약, 빠르기 등이 있습니다. 구연하는 사람이 개성적으로 좋은 음조를 가졌을 때 이야기가 더욱 살아나고 듣는 이에게 감동을 주게 됩니다.

(3) Tempo(음속)

말의 속도를 의미합니다. 이야기를 할 때, 반드시 속도에 변화를 주어야 합니다. 일정한 속도로 계속 이야기하게 되면 듣는 이에게 지루함과 단조로움을 주어 집중력이 저하될 수 있습니다.

말의 속도를 늦춰야 할 곳, 빠르게 해야 할 곳 등은 이야기의 내용에 따라 다양하게 펼쳐져야 합니다.

(4) Volume(음량)

소리의 함량, 즉 성량을 말합니다. 듣는 사람의 수나 공간의 크기에 따라 적절한 소리의 양을 조절할 수 있어야 합니다.

(5) Rhythm(음률)

일정한 박자나 규칙에 의한 음의 장단, 강약 따위의 흐름을 말합니다. 모든 화술의 생명은 리듬이 좌우한다고 해도 과언이 아닙니다. 말의 리듬이야말로 자신의 마음이며, 자신의 마음이야말로 살아있는 리듬, 생동하는 리듬이기 때문입니다.

따라서 음률은 말하는 사람의 마음을 뚜렷이 나타내는 것이라 할 수 있습니다.

(6) Accent(강음)

강음이란 악센트를 의미하는데, 보통 악센트라고 하면 명사에 국한한 것으로 알고 있지만 형용사나 동사에도 올 수 있습니다.

그러나 잘못 습득하면 억양이 이상해지고 마치 사투리처럼 들리기 쉬우므로 반드시 표준어에 기준하여 억양과 함께 올바른 훈련이 필요합니다.

(7) Articulation(명확)

스피치에서는 올바른 발음을 통해 내용을 명확하게 전달하는 것이 중요합니다. 쉬운 말에서부터 차츰 어려운 말로, 느리게 시작해서 점차 빠르게 연습해나가는 것을 원칙으로 합니다. 연습을 거듭하는 동안 차츰 자신의 발음이 명료해짐을 느끼게 됩니다.

정확하게 말한다는 것은 정확하게 듣는다는 사실과 밀접한 관련이 있습니다. 말의 명확성은 하루아침에 습득되는 것이 아니므로 일상생활에서 말을 할 때 늘 관심을 기울여야 합니다.

(8) Pause(어간)

어간은 말과 말 사이를 말합니다. 말과 말 사이에는 간격이 있어야 하며, 간격을 잘못 두면 뜻이 달라지거나 느낌이 약해지는 경우도 있습니다.

간격을 둘 때 호흡, 시선, 얼굴 표정 등도 활용하면 스피치에서 더 큰 효과를 얻을 수 있습니다.

(출처: MSL 메타 스피치, 메타스피치 편집국)

🖊 활동 (1)

위에서 설명한 스피치의 기본 요소를 생각하면서, 각 요소들을 하나씩 늘려가며 모두 적용시켜 본다는 생각을 가지고 다음의 〈예 ①〉, 〈예 ②〉를 여러 번 낭독해 봅니다.

훈련 전에 먼저 한 번 낭독해 보고 그것을 녹음합니다. 스피치의 기법을 습득한 다음 주기적으로 계속 낭독하며 다시 녹음해 봅니다. 그리고 그것을 들으며 피드백을 나눕니다.

💬 **예 ①**

여러분, '숨비소리'를 아십니까?

검은 잠수복을 입은 해녀들이 20m 이상 잠수를 하여 2분 정도 숨을 은 채로 싱싱한 해삼, 멍게, 전복 등 해산물을 잡은 다음 물위로 떠올라와 '호오이' 하고 재미있는 소리를 내는데 그것을 숨비소리라고 합니다.

해녀는 한국과 일본에만 있는 특별한 직업입니다. 우리나라에는 약 2만여 명의 해녀들이 있다고 하는데 대부분 제주도에 계신다고 합니다. 이번 가족 여행 때 이야기 속에서나 보던 해녀를 직접 만나 뵈니 제주도가 더욱 특별하게 느껴졌습니다.

하지만 안타까운 소식은 이제 우리는 더 이상 해녀를 보지 못할 수도 있다고 합니다. 많은 젊은이들이 해녀처럼 힘든 일을 하고 싶어하지 않는다고 합니다. 앞으로는 제주도 해녀를 박물관에서만 볼 수 있게 될지도 모르겠습니다.

제주도는 우리나라의 대표적인 관광지입니다. 많은 외국 사람들이 찾아오는 아름다운 섬입니다. 관광자원이라고 하면 우리는 보통 어떤 지역이나 환경을 생각하지만, 스페인의 투우사처럼 해녀 역시 독특한 직업이자 문화로써 더 큰 관광자원이 될 수도 있을 거라고 생각합니다.

제가 제주도에 있었던 지난 5월 31일은 '바다의 날'이었습니다. 제주도의 깨끗한 바다에 더욱 많은 사람들이 찾아와 대한민국의 자랑인 제주도가 더욱 널리 알려졌으면 좋겠다는 생각을 했습니다.

우리 모두 아름다운 숨비소리를 계속 들을 수 있도록 바다를 더욱더 아끼고 사랑합시다.

- 김미승

남미를 탐험하던 서양 탐험가가 짐꾼으로 원주민을 고용했는데, 높은 산을 한창 오르던 중 원주민들이 멈춰섰습니다. 탐험가는 그들을 재촉했으나, 그들은 움직이지 않고 있다가 몇 시간이 지나자 그제서야 짐을 지고 움직이기 시작했습니다.

시간이 지체된 것에 불만이 생긴 탐험가가 물었습니다.

"무엇 때문에 움직이지 않았던 것이오?"

원주민은 대답했습니다.

"우리가 쉬지 않고 너무 오래 걸어오느라 우리의 영혼이 따라오지 못했기 때문에 영혼이 따라오길 기다렸던 것이라오."

삶의 여백이란 인간의 원초적인 욕구이며, 조직과 개인 모두에게 있어 쉼표 없는 인생은 더 많은 것을 잃게 합니다.

- M. Kiss

호흡과 발성

1 호흡과 발성기관

말이 완성되어 나오기까지는 발성기관, 공명기관, 조음기관을 거칩니다.

발성기관은 음성을 내는 데 쓰는 신체의 각 부분입니다. 성대, 목젖, 구개 등이 여기에 속합니다. 목소리는 숨구멍에 있는 성대에서 나옵니다. 높은 소리일 때는 좁아지고, 낮은 소리일 때는 넓어집니다.

공명기관은 발성기관을 통해 나오는 목소리를 키우는 기관입니다. 성대에서 만들어진 최초의 소리는 너무도 여리고 작아서 증폭이 필요합니다. 이를 위해 인체는 체강(몸 속 동굴)을 준비하게 되고, 최초의 소리는 호흡을 타고 이 체강의 벽에 부딪혀 울림을 만들며 충분히 커지게 됩니다. 두성, 비성 등의 발성은 이 공명기관과 관련된 것입니다.

조음기관은 말소리를 만드는 데 쓰이는 신체기관입니다. 발성기관과 공명기관을 거쳐 만들어진 목소리는 입술, 혀, 입천장, 아래턱 등 조음기관의 작용을 통해 비로소 말로 탄생하는 것입니다.

흔들림 없이 안정적으로 길게 끌며 소리를 내는 국악인이나 음악가를 보면 감탄이 절로 나옵니다. 안정된 달리기처럼 지속적으로 힘이 있는 목소리를 낼 수 있도록 해 주는 것이 바로 복식호흡입니다. 아나운서, 운동선수, 가수, 성악가, 관악기 연주자 등이 되려면 기본적으로 훈련해야 하는 호흡법입니다.

스피치에서 전달력을 목표로 리드미컬한 말의 맛을 내기 위한 복식호흡의 중요성은 아무리 강조해도 지나치지 않습니다. 집을 지을 때 기초 공사를 튼튼히 해야 좋은 집을 지을 수 있듯이, 올바른 호흡은 말의 기초 공사를 튼튼히 하는 것입니다. 호흡이 제대로 되면 발성, 발음, 말의 전달력, 말의 안정감, 스피치 불안증 등이 다 좋아집니다. 말의 기초가 되는 호흡, 발성, 발음이 모두 중요하지만 그 중 가장 많은 부분을 차지하는 것은 호흡입니다. 그만큼 호흡이 중요합니다.

복식호흡은 폐와 횡격막을 이용한 호흡법입니다. 들숨으로 폐에 공기가 가득 차게 되면 횡격막이 내려가면서 장기를 밀어내어 자연스럽게 배가 나오고, 날숨에 배가 제자리로 들어가게 하는 호흡법입니다. 호흡량이 풍부하게 되어 음질이 크고 고와집니다. 또 흥분을 가라앉혀 주기도 하고, 긴장을 했을 때는 심신의 안정을 찾을 수 있게 도와주기도 합니다.

복식호흡을 통해 발성 훈련과 발음 연습을 꾸준히 하다 보면 어느 순간 안정된 소리와 힘찬 소리를 갖게 됩니다. 또한 크고 작은 소리, 높고 낮은 소리를 조절할 수 있는 힘이 생기게 됩니다.

전달력 있는 스피치는 좋은 목소리 연출에서 나옵니다. 오래 들어도 질리지 않고 듣기에 편한 소리가 가장 좋은 목소리라고 할 수 있습니다.

3 복식호흡의 효과

천천히 숨을 들이마시면 긴장된 근육이 이완되고 심신이 안정되는 효과가 있습니다. 발표 전 혹은 긴장되는 상황에서 이완을 위한 방법으로 복식호흡이 쓰이기도 합니다.

복식호흡을 제대로 연습했다면 긴장감도 줄일 수 있고, 말의 속도 조절 능력도 향상됩니다. 따라서 어간 사이에서 조급해지지 않는 스피치의 자연스러움이 생깁니다.

복식호흡은 힘차고 안정된 소리를 내기에 좋으며 신뢰감 있는 목소리의 기본이 됩니다. 또 복식호흡을 통해 호흡의 양을 늘릴 수 있으며, 힘이 없어 끝이 흐려지는 소리와 갈라지는 소리가 나는 것을 막을 수 있습니다.

단숨에 복식호흡을 체득하기는 어렵습니다. 꾸준한 연습과 훈련을 통해서 편안하게 호흡과 몸이 일치하도록 해야 합니다.

4

복식호흡의 방법 및 연습

(1) 숨으로 책장 넘기기

숨을 불어 책장을 넘기는 연습을 합니다. 처음에는 작고 가벼운 종이로 시작합니다. 모둠을 만들어 게임의 형태로 진행해도 좋습니다. 배의 근육을 강하게 해주며 스타카토 발성에 도움이 됩니다.

(2) 누워서 인형을 이용한 연습

① 바닥에 등을 댄 채 하늘을 보고 바로 눕습니다. 배 위에는 평평한 인형을 한 개 얹습니다.

② 2~4초 동안 천천히 코로 숨을 들이마십니다.

③ 약 2초 동안 숨을 멈추었다 4~8초간 내쉽니다. 들숨과 날숨의 시간을 점점 늘립니다. 들숨에 비해 날숨을 1.5~2배 정도로 길게 내쉽니다.

④ 숨을 모두 내쉬는 순간, 배가 등 쪽으로 붙어야 합니다. 배 위의 인형은 움직이지 않고 제 위치에서 오르락내리락하며 시야에 잘 보여야 합니다.

(3) 몸의 뒷면을 벽에 기대고 연습

① 몸의 뒷면(뒤통수, 등, 엉덩이, 뒤꿈치)를 벽에 붙이고 바르게 섭니다.

② 2~4초 동안 천천히 코로 숨을 들이마십니다.

③ 1~2초 동안 숨을 멈추었다 들숨의 2배로 내쉽니다.

④ 배꼽이 최대한 등 쪽으로 붙도록 최대한 배를 넣으며 숨을 내쉽니

다. 어깨와 가슴은 편안하게 힘을 빼고 움직이지 않도록 하며, 배를 부풀렸다가 다시 넣는 것을 반복하며 복식호흡을 합니다.

(4) 풍선을 이용한 복식호흡 연습

① 풍선을 한 호흡으로 최대한 크게 불어, 풍선의 크기가 점점 커지도록 합니다.

② 커진 풍선을 묶은 다음 입으로 불어 공중에 머물도록 합니다. 풍선이 공중에 떠 있는 시간을 점점 늘려 갑니다.

③ 열 번의 호흡으로 풍선을 부는 연습을 합니다. 스타카토 발성에 도움이 되며, 배 근육을 짧고 힘 있게 사용하여 강한 호흡을 할 수 있도록 단련할 수 있습니다.

④ 풍선을 들고 숨을 멈추고 반환점을 돌아오는 연습을 합니다. 호흡량을 늘리는 데 도움이 되며 반환점의 거리를 조금씩 늘리며 연습을 강화합니다.

(5) 2인 백허그 복식호흡 연습

① 앞사람은 편안히 서 있는 상태에서 뒷사람이 양손으로 앞사람의 배를 끌어안고 살짝 당겼다 놓는 것을 반복하며 복식호흡을 하는 데 도움을 줍니다.

② 빠른 속도의 호흡보다는 천천히 들이쉬고 내쉬는 호흡 연습에 적합합니다.

(6) 다리 들고 내리기 연습

의자에 앉아 다리를 들면서 숨을 들이쉬고 다리를 내리면서 숨을 내쉽니다. 이 때 배가 불룩 나오거나 들어가도록 천천히 조절합니다. 중간에 2~3초 숨을 멈출 수도 있습니다.

✏️ 활동 (1)

본격적으로 실전 복식호흡을 해 봅니다.

💬 예 ①

숨 들이마시기!(코) 2초(2초 멈추기) 내쉬기!(입) 4초("스~")
숨 들이마시기!(코) 3초(3초 멈추기) 내쉬기!(입) 6초("후~")
숨 들이마시기!(코) 4초(4초 멈추기) 내쉬기!(입) 8초("아~")

TIP

바르게 서서 오른손은 가슴에, 왼손은 배에 둡니다. 어깨와 가슴이 움직이지 않도록 천천히 코로 숨을 들이마십니다. 손을 통해 배 부분이 살짝 부푸는지 확인합니다. 가슴이나 어깨가 움직인다면 잘못된 호흡입니다. 숨을 들이마신 채 2초 정도 멈춘 다음, 들이마실 때의 두 배 정도 시간 동안 천천히 입으로 내뱉어주면 됩니다.
발음은 입을 점점 크게 벌릴 수 있는 음절로 정하고 숨의 양을 점점 늘립니다.

💬 예 ②

숨을 들이마시고 배가 볼록해진 상태에서 90도로 인사하며 다음 문장을 말해 봅니다.
"안녕하십니까?"
"사랑합니다."
"감사합니다."
"행복합니다."

TIP

마지막 음절을 늘려서 말해도 됩니다('까~', '다~').
배를 등 쪽으로 붙인다는 느낌으로 발음해 봅니다.

💬 예 ③

1조 숨 들이마시기 / 작은 종! / 댕~ (10초)
2조 숨 들이마시기 / 큰 종! / 댕~ (8초)
3조 숨 들이마시기 / 더 큰 종! / 댕~ (6초)
4조 숨 들이마시기 / 더더 큰 종! / 댕~ (4초)
5조 숨 들이마시기 / 더더더 큰 종! / 댕~ (2초)

TIP

복식호흡 숨 내쉬기 놀이입니다. 개인별 혹은 조별로 종소리가 이어지게 하거나 돌림노래로 진행해도 됩니다.
한 사람이 계속 이어서 할 수도 있고, 조별로 다르게 시작하여 전체가 동시에 끝나도록 할 수도 있습니다. 종을 메아리로 바꾸고 '댕'을 '야호'로 바꾸는 등 응용할 수도 있습니다.

다양한 발성의 세계

① 계단 발성

소리의 크기를 1층부터 10층까지로 세분화합니다.

* **1층: 낮은 소리(속삭임)**
* **2층~3층: 약간 낮은 소리(대화, 상담)**
* **4층~7층: 중간 소리, 높은 소리(스피치, 강의 등)**
* **8층~10층: 큰 소리, 파워 스피치, 대중연설, 임원선거 등**

위와 같이 세분화하여 목소리의 크기와 호흡의 깊이, 입을 벌리는 크기 등을 단계별로 조절하여 연습할 수 있습니다.

활동 (1)

다음의 〈예 ①〉과 같이 계단 발성을 연습합니다.

예 ①

1층: 스피치를 배우면
3층: 나의 생각을 정확한 발음으로
5층: 자신 있게 표현할 수 있고
7층: 논리적인 사고를 하며
10층: 리더십이 있는 큰 사람이 됩니다.

층 대신 '도레미파솔'로 표현할 수도 있습니다. 또 1m, 10m, 20m, 30m, 40m, 50m까지 들리게 소리내기 등으로 표현하며 연습할 수도 있습니다.

두 명 이상 짝을 지어 마주보고 한 단계씩 주고받으며 발성하는 연습도 좋습니다. 입을 점점 크게 벌리고, 호흡을 점점 깊게 하는 것에 집중합니다. 이 때 말이 빨라지지 않도록 유의해야 합니다. 단계별로 한 층씩 올라가며 연습하고, 내려오면서도 연습합니다.

또 1층 → 8층 → 3층 → 10층과 같이 일정한 순서 없이 변화를 주며 발음하는 '엘리베이터 발성' 연습도 해 봅니다. 이를 통해 목소리의 높낮이를 자유자재로 연습해 볼 수 있습니다. 좀 더 생생하고 실감나는 스피치에 유용하게 쓰입니다.

2 스타카토 발성

스타카토 발성은 한 글자 한 글자마다 배에 힘을 주며 호흡을 강하게 뱉는 발성입니다. 핵심단어나 구호를 강조할 때도 쓰이며 복식호흡 연습에도 자주 쓰이는 발성입니다. 한 글자 한 글자를 모두 사랑한다는 느낌으로 균등하게 힘을 주면 좋습니다.

🖊 활동 (1)

아래의 〈예 ①〉과 같이 스타카토 발성을 연습합니다.

💬 예 ①

가자가자 감나무
오자오자 옻나무
바람솔솔 소나무
입맞추자 쪽나무
방귀뿡! 뽕나무

TIP

발성의 크기를 1단계부터 점점 키우면서 적절한 복식호흡으로 속도를 균일하게 지키며 진행합니다.
처음에는 첫 줄부터 셋째 줄까지만 진행하고, 연습을 반복하면서 첫 줄부터 마지막 줄까지 점점 늘리며 연습하면 복식호흡 및 발성 연습에 많은 도움이 됩니다.
글자마다 배에 손을 대고 힘이 주어지는지 확인합니다. 손동작(태권도 동작 등)을 함께 하면 더 힘이 있는 목소리를 낼 수 있습니다.

③ 호흡량 늘리기 발성

마지막 음절을 길게 늘려 발성합니다. 모음의 입 모양을 정확히 만들어 준 후 균등한 목소리의 크기로 발성합니다. 목소리가 약해지거나 끊어지거나 흔들리지 않도록 유의하면서 기차의 철로처럼 힘차게 발성합니다.

🖊 활동 (1)

아래의 〈예 ①〉과 같이 호흡량 늘리기 발성을 연습합니다.

💬 예 ①

1층: 기쁜 마음은 희~ (5초)
2층: 화난 마음은 로~ (6초)
3층: 슬픈 마음은 애~ (7초)
4층: 즐거운 마음은 락~ (8초)
5층: 희, 로, 애, 락입니다~ (10초)

계단 발성도 함께 적용해서 점점 크게 연습해 봅니다.
단모음이나 이중모음의 발음을 잘 숙지한 후 정확한 발음을 유지하도록 합니다. 입술 모양을 정확하게 하고, 호흡을 점점 깊게 합니다. 글자에 집중하여 틀리지 않도록 하고, 말이 빨라지지 않도록 합니다.
단체교육 시 조별로 한 단계씩 발성해 보고, 둥글게 서서 돌아가면서도 발성해 봅니다.

입체 발성은 파도처럼 강약과 고저를 반복하며 내는 발성법입니다. 부분 강조를 위해 강하게 소리를 낼 부분과 약하게 소리를 낼 부분 등을 잘 섞어서 입체적으로 소리를 내면 됩니다. 감성적인 스토리나 공감을 이끌어내는 스피치를 구사할 때 많이 쓰입니다. 1~5단계로 목소리의 크기를 구분합니다.

✎ 활동 (1)

아래의 〈예 ①〉과 같이 입체 발성을 연습합니다.

💬 예 ①

3 가로수 위로		4 땅거미	2 몰려드네.
2 새들이	3 서둘러	3 집으로	2 돌아가네.
4 새하얗던	3 가로등	4 발갛게	3 불을 켜고
3 아파트 창문마다		4 반짝이는	2 불빛들
3 하늘에	1 작은 별 하나	2 촛불처럼	1 빛나네.

감정을 넣어 입체적이고 생생한 느낌을 표현할 때 발성의 단계를 변화시키면 감정의 전달이 배가됩니다.

짧은 글로 시작하여 내용을 외워 표현하는 연습을 해 보면 좋습니다. 또 비언어적인 요소(제스처, 표정, 시선 등)을 활용하여 사람을 보며 표현해 봅니다.

목이나 가슴이 아닌 복부에서 소리를 끌어내는 테크닉의 발성 훈련 법입니다. 긴장을 풀고 정확한 발음으로 발성 연습을 해 봅니다.

활동 (1)

아래의 〈예 ①〉과 같이 크레시아 발성을 연습합니다.

예 ①

로 - 얄 / 막 - 파 / 싸리톨 - 수네이 - 파 - 젤
어 - 엘 - 쥬 - 피탈 / 캄파 - 큐을 - 와 셀 - 레 - 우
아파쿠사 / 푸렌 - 마 - 네 - 푸 / 슈멘헤 - 워 - 제
페레스 - 테란 / 포로소 - 풀 / 파라클레 - 세오 - 스
쏘 - 테 - 라이스 / 카타루 - 사이 / 마카리오스
에 - 코루 - 데 - 산 / 디카이오수넨 / 플레 - 로 - 쏴이

TIP

3단계로 점점 크게 발성하며 끝 음절을 길게 늘려 발성합니다. 성대의 긴장을 풀어주는 발성 법입니다.
"로얄 막파 싸리토오~ㄹ"과 같이 목의 아치를 크게 열고 배에서 끌어올리는 소리로 발성하면 발음. 발성, 호흡을 한 번에 연습할 수 있고 자신감, 신뢰감을 상승시킬 수 있습니다.

공명음 발성

성대에서 만들어진 최초의 소리는 너무도 여리고 작아서 증폭이 필요합니다. 이를 위해 인체는 체강(몸 속 동굴)을 준비하게 되고, 최초의 소리는 호흡을 타고 이 체강의 벽에 부딪히면서 울림을 만들며 충분히 커지게 됩니다. 두성과 비성이 많이 사용됩니다.

우리의 음성이 성대를 거쳐 입까지 나가는 동안 울림이 생기기 위해서는 최대한 공간을 크게 만들어 주면 좋습니다.

✎ 활동 (1)

아래의 〈예 ①〉, 〈예 ②〉와 같이 공명음 발성을 연습합니다. 하품하듯이 입을 크게 벌리고 혀를 내린 후, 음높이에 변화를 주며 소리를 냅니다. 이 때 목의 성내가 울려 진동이 느껴지는지 확인합니다.

💬 예 ①

하~ 헤~ 히~ 호~ 후~
아~ 에~ 이~ 오~ 우~

💬 예 ②

음~ 음~
엄마~ 음마~ 함마~ 흠마~

🖊 활동 (2)

공명음을 이용하여 동요를 불러 봅니다.

💬 예 ①

학교종이 땡땡땡~
음음음음 음음음~

💬 예 ②

동구밖 과수원길 아카시아꽃이 활짝 폈네~
흠흠흠 흠흠흠흠 흠흠흠흠흠흠 흠흠 흠흠~

💬 예 ③

퐁당퐁당 돌을 던지자 누나 몰래 돌을 던지자~
함마함마 함마 함마마 함마 함마 함마 함마마~

7 리듬감 발성

글자 파도타기 놀이를 통해 리듬감 발성을 연습합니다.

활동 (1)

아래의 〈예 ①〉과 같이 리듬감 발성을 연습합니다. 굵은 글자는 '솔'음으로, 나머지 글자는 '도'음으로 발성합니다(**솔**도도 도도도).

예 ①

독도는 우리땅 → 독**도**는 우리땅 → 독도**는** 우리땅 → 독도는 **우**리땅 → 독도는 우**리**땅 → 독도는 우리**땅**

굵은 글자를 발음할 때 여러 가지 동작을 할 수도 있습니다. 예를 들면 다음과 같습니다.

* **굵은 글자에서 점프를 하며 발음**
* **굵은 글자에서 손동작을 하며 발음**(애교 손짓, 태권도 동작, 발구르기 등)
* **굵은 글자에서 탱탱볼을 튕기며 글자 파도타기**

말을 할 때 리듬감을 살려 자연스럽게 소리 크기에 변화를 주는 데 도움이 됩니다. 단체 활동에서는 조별 게임 형태로 돌아가며 연습해도 좋습니다.

.

조음기관의 합창, 발음

① 정확한 모음 발음 연습

모음을 정확하게 발음하지 않으면 말의 전달에 문제가 생길 수 있습니다. 입 근육의 유연성을 길러서 부드럽게 움직일 수 있도록 해야 합니다. 입 근육 및 혀가 부드러워지면 정확한 발음을 할 수 있고 마음의 여유가 생겨서 긴장도 줄어들 수 있습니다.

모음 6개(아·애·에·이·오·우)의 기본 입 모양은 아래와 같습니다.

'아' 발음	손가락이 세로로 세 개가 들어갈 만큼 입을 벌립니다.
'애' 발음	손가락이 세로로 두 개가 들어갈 만큼 입을 벌립니다.
'에' 발음	손가락 한 개가 들어갈 만큼 입을 벌립니다.
'이' 발음	입을 옆으로 길게 벌립니다.
'오' 발음	손가락 하나 정도로 입술을 동그랗게 모읍니다.
'우' 발음	앞으로 입술을 내밉니다.

🖋 활동 (1)

다음의 〈예 ①〉과 같이 모음 발음을 연습합니다.

💬 예 ①

아 에 이 오 우   아 아 아 아
에 이 오 우 아   에 에 에 에
이 오 우 아 에   이 이 이 이
오 우 아 에 이   오 오 오 오
우 아 에 이 오   우 우 우 우

TIP

입술이 팽팽해질 정도로 입을 크게 벌리며 연습합니다.

② 입술 및 혀의 유연성을 기르기 위한 연습

입술과 혀의 유연성은 정확한 발음을 위해 매우 중요합니다. 아래와 같이 연습하며 입술과 혀의 유연성을 기릅니다.

✐ 활동 (1)

입술의 유연성을 기르는 연습을 해 봅니다.

💬 예 ①

> ㉠ 볼에 바람을 넣어 부풀린 후 3초 간격으로 부풀렸다가 푸는 것을 반복합니다.
> ㉡ '우' 발음을 할 때처럼 입술을 앞으로 내민 뒤 강하게 상하좌우로 계속 움직입니다. 또는 부드럽게 동그라미를 그립니다.
> ㉢ '부르르르르' 소리를 내며 입술을 힘차게 떨면서 진동시킵니다.

✐ 활동 (2)

정확한 발음을 위해서는 혀가 큰 폭으로 부드럽게 움직여야 합니다. 혀의 유연성을 기르는 연습을 해 봅니다.

💬 예 ①

㉠ 최대로 혀를 앞으로 길게 내밀며 입을 크게 벌립니다. (5번 반복)

㉡ 혀를 아주 천천히 내밉니다. (5번 반복)

㉢ 혀를 최대한 위쪽으로 구부립니다. (5번 반복)

㉣ 혀를 아주 빠르게 내밉니다. (5번 반복)

㉤ 혀로 위아래 잇몸을 번갈아 닿게 합니다. (5번 반복)

㉥ 쉬운 동요를 부르며 혀로 박자를 맞춥니다.

💬 예 ②

오로로로로록 (5번 반복)

가르르르르륵 (5번 반복)

따르르르르릉 (5번 반복)

까르르르르르르르보나라라라라라라라 (5번 반복)

설소대를 늘려주는 연습을 통해 혀를 유연하게 하면 정확한 발음에 도움이 됩니다.

혀 굴리기 역시 혀를 유연하게 하여 정확한 발음을 내는 데 도움이 됩니다.

아이들의 경우 리듬이나 멜로디를 넣어 노래의 형태로 연습하면 지루하지 않게 연습할 수 있습니다.

나무젓가락이나 볼펜을 입에 물고 연습하면 입술이나 입 주변 근육을 스트레칭으로 유연하게 만들어 입을 더 크게 벌리게 되는 효과가 있습니다.

✐ 활동 (3)

이중 모음은 두 개의 모음이 결합하여 만들어진 모음입니다. 아래와 같이 두 모음을 이어서 빨리 발음하며 이중 모음 발음을 연습합니다.

💬 예 ①

ㅑ = ㅣ + ㅏ	ㅕ = ㅣ + ㅓ	ㅛ = ㅣ + ㅗ
ㅠ = ㅣ + ㅜ	ㅖ = ㅣ + ㅔ	ㅒ = ㅣ + ㅐ
ㅙ = ㅗ + ㅐ	ㅞ = ㅜ + ㅔ	ㅘ = ㅗ + ㅏ
ㅝ = ㅜ + ㅓ	ㅢ = ㅡ + ㅣ	

모음 'ㅢ' 발음법에는 [ㅢ], [ㅣ], [ㅔ]의 세 가지가 있습니다.

* 자음을 첫소리로 갖고 있는 음절의 'ㅢ'는 [ㅣ]로 발음합니다.
* 첫 음절 이외의 'ㅢ'는 [ㅣ]로 발음할 수 있습니다.
* 조사의 '의'는 [에]로 발음할 수 있습니다.
→ '민주주의의 의의': [민주주이에 의이]

3 발음 조견표를 이용한 발음 연습

아래의 발음 조견표로 발음 연습을 해 봅니다.

〈 발음 조견표 〉													
가	야	거	겨	고	교	구	규	그	기	개	게	괴	귀
나	냐	너	녀	노	뇨	누	뉴	느	니	내	네	뇌	뉘
다	댜	더	뎌	도	됴	두	듀	드	디	대	데	되	뒤
라	랴	러	려	로	료	루	류	르	리	래	레	뢰	뤼
마	먀	머	며	모	묘	무	뮤	므	미	매	메	뫼	뮈
바	뱌	버	벼	보	뵤	부	뷰	브	비	배	베	뵈	뷔
사	샤	서	셔	소	쇼	수	슈	스	시	새	세	쇠	쉬
아	야	어	여	오	요	우	유	으	이	애	에	외	위
지	쟈	저	져	조	죠	주	쥬	즈	지	재	제	죄	쥐
차	챠	처	쳐	초	쵸	추	츄	츠	치	채	체	최	취
카	캬	커	켜	코	쿄	쿠	큐	크	키	캐	케	쾨	퀴
타	탸	터	텨	토	툐	투	튜	트	티	태	테	퇴	튀
파	퍄	퍼	펴	포	표	푸	퓨	프	피	패	페	푀	퓌
하	햐	허	혀	호	효	후	휴	흐	히	해	헤	회	휘

🖉 활동 (1)

발음 조견표를 이용하여 아래 〈예 ①〉, 〈예 ②〉, 〈예 ③〉의 활동을 해
봅니다.

💬 예 ①

> ㉠ 가로로 연습
> ㉡ 세로로 연습
> ㉢ 대각선으로 연습
> ㉣ 거꾸로 연습

> 빨라지지 않기(호흡), 작아지지 않기(자신감), 발음 틀리지 않기(집중력)에 유의하면서 연습합니다.

💬 예 ②

> 처음에는 같은 모음끼리 모아서 입모양을 정확히 만들며 연습합니다. 익숙해지고 나
> 면 불특정하게 아무 글자나 짚어서 순간적으로 정확한 발음을 내도록 연습합니다.

💬 예 ③

> 처음에는 정해진 글자 수로 연습하고, 점차 한 호흡에 발음하는 글자 수를 늘리며 연
> 습합니다. 또 점점 크게 혹은 작게 변화를 주며 연습합니다.

④ 동요를 이용한 발음 연습

동요를 부르며 발음 연습을 해 봅니다.

🖊 활동 (1)

입을 크게 벌리고 입모양을 정확히 하며 큰 소리로 아래 〈예 ①〉의 노래를 부릅니다.

💬 예 ①

다함께 노래합시다 ♪♬
다함께 노래합시다 ♪♬
입을 크게 벌려 ♪♬
입을 크게 벌려 ♪♬
벌려 벌려 ♪♬
아~ 아~

커다란 꿀밤나무 밑에서 ♪♬
친구하고 나하고 ♪♬
정다웁게 얘기합시다 ♪♬
커다란 꿀밤나무 밑에서 ♪♬

5 까다로운 자음 발음 연습

현재 한글 맞춤법상 기본 음절은 자음 14자, 모음 10자로 총 24자를 쓰고 있습니다.

자음	ㄱ ㄴ ㄷ ㄹ ㅁ ㅂ ㅅ ㅇ ㅈ ㅊ ㅋ ㅌ ㅍ ㅎ
모음	ㅏ ㅑ ㅓ ㅕ ㅗ ㅛ ㅜ ㅠ ㅡ ㅣ

아래와 같이 까다로운 발음 연습을 자주 하여 자음과 모음 합성의 발음을 정확하게 낼 수 있도록 연습합니다.

🖉 활동 (1)

미음, 비읍 발음 강화

* 순음: 입술이 붙었다 떨어지면서 내는 소리

💬 예 ①

저기 저 말뚝이 말 맬 말뚝이냐, 말 못 맬 말뚝이냐?
여기 계신 분은 백 법학박사이고 저기 계신 분은 박 법학박사이다.

✏️ 활동 (2)

시옷, 치읓 발음 강화

* 치음: 혀 끝이 앞니에 닿았다 떨어지면서 내는 소리

💬 예 ①

경찰청 철창살은 쇠철창살이냐 철철창살이냐.
중앙청 창살은 쌍창살이고, 시청의 창살은 외창살인데.

💬 예 ②

안 촉촉한 초코칩 나라에 살던 안 촉촉한 초코칩이 촉촉한 초코칩 나라의 촉촉한 초코칩을 보고 촉촉한 초코칩이 되고 싶어서 촉촉한 초코칩 나라에 갔는데 촉촉한 초코칩 나라의 문지기가 "넌 촉촉한 초코칩이 아니고 안 촉촉한 초코칩이니까 안 촉촉한 초코칩 나라에서 살아"라고 해서 안 촉촉한 초코칩은 촉촉한 초코칩이 되는 것을 포기하고 안 촉촉한 초코칩 나라로 돌아갔다.

✏️ 활동 (3)

기역 발음 강화

* 아음: 혀 뿌리가 목구멍을 닫으면서 내는 소리

💬 예 ①

감나무, 고로쇠나무, 가문비나무는 기역이 들어가는 나무 이름이고,
개구리, 고양이, 강아지, 고릴라는 기역이 들어가는 동물 이름입니다.
기러기, 공작새, 고니는 기역이 들어가는 새 이름입니다.
우리 모두 자연을 사랑합시다.

📝 활동 (4)

히읗 발음 강화

* 후음: 목구멍에서 그대로 나오는 소리

💬 예 ①

아빠는 후후후 엄마는 호호호
누나는 헤헤헤 나는 히히히
우리 가족은 하하하

말의 속도

① 말이 빠른 경우

처음 만나는 아이들은 대부분 말이 빠른 아이들이 많습니다. 평소 습관이나 가정의 분위기가 영향을 미친 부분이 있겠지만, 말을 의미 단위로 끊어 말하지 않고 온점이 있는 문장의 끝까지 한 호흡에 가는 등 과도하게 빨라지는 경우도 있고, 한 문장이 끝난 후 호흡을 여유롭게 하지 않고 바로 다음 문장을 말하는 경우도 있습니다. 대부분의 아이들이 이런 공통점을 가지고 있습니다. 급한 성격 때문일 수도 있고, 단지 습관적으로 말을 빨리 하는 경우도 많습니다.

이런 경우에는 **원고의 내용을 미리 숙지하게 한 다음 적절한 부분까지만 밑줄을 그어 놓고, 1분 동안 밑줄 그은 곳까지만 말하게 하는 방법**을 통해 지도할 수 있습니다.

아이는 뒤의 내용을 알기 때문에 빨리, 그리고 많이 말하고 싶어합니다. 하지만 말은 뛰어가듯 하는 것이 아니라 걸어가듯 해야 한다는 것을 설명하고 천천히 또박또박 말하도록 훈련해야 합니다.

느리게 걷는 속도로 말해야 한다고 연습 초반에 설명하며 자연스럽게 속도의 느낌을 찾아서 또렷한 내용 전달이 될 수 있도록 도와줍니다.

✏️ 활동 (1)

평소 습관대로 아래 〈예 ①〉의 글을 읽어 봅니다.

말의 속도는 개성의 한 부분이기는 하지만, 전달력을 위해서는 상대가 듣기에 편안하고 적절한 속도로 말해야 합니다. 초등 저학년의 경우 1분에 250자, 고학년은 1분에 280자 내외로 봅니다.

💬 예 ①

하늘은 요술쟁이입니다. 하늘은 배도 만들고, 토끼와 잠수함도 만듭니다. 하늘이 눈물을 흘리면 하늘의 눈물이 땅으로 내립니다. 하늘이 눈물을 그치면 일곱 빛깔 요정들이 옷을 말리려고 밖으로 나와 옷을 말립니다. 또 하늘이 엉엉 울면 꽝 하고 번개(100)를 치고 구름들이 그 소리에 놀라 번쩍 불빛을 내며 비를 내립니다.

하늘은 구름의 친구입니다. 구름이 부서지면 그 조각들을 모아 다시 구름을 뭉쳐줍니다. 그런데 구름은 무지개를 싫어합니다. 무지개가 뜨면 구름들은 몇 명이 실종되어 없어져 구름(200)들은 무지개를 싫어합니다.

그리고 하늘, 구름, 무지개들이 싫어하는 것이 있습니다. 그것은 바로 사람들입니다. 사람들은 공장과 자동차들의 매연으로 하늘과 구름 등을 오염시키고 오존층을 파괴하여 나중에는 오존층이 조금밖에 남지 않게 됩니다.(300) 그러면 사람들은 살이 검게 타고 화상을 입을지도 모릅니다.

옛날에는 하늘에서 내리는 빗물도 그냥 마실 수 있었는데 요즈음은 공기 오염 때문에 빗물을 그냥 마실 수도 없고, 수돗물도 끓여 마시게 되었습니다.

우리 사람들의 잘못된 행동 때문에 하늘이 노여웠는지 모릅니다. 파란 하늘과 무지개 별을 볼 수 있도록 깨끗한 자연을 만들어야겠습니다.

– 김인목

2 말이 느린 경우

　저학년의 경우 말이 느린 경우가 많습니다. 주로 나타나는 모습은 끊어 읽기를 과도하게 자주 하는 것입니다. 그리고 생각을 하면서 말을 하다 보면 생각의 속도에 맞추어 말도 같이 느려지기 쉽습니다.

　또한 띄어쓰기한 곳마다 끊어서 말한다면 호흡이 얕게 자주 이루어지고, 그로 인해 말이 느려집니다. 게다가 '아~', '어~' 등의 불필요한 말이 들어가면서 내용 전달이 불분명해질 가능성도 커집니다.

🖉 활동 (I)

　앞에 나왔던 예문을 반복해서 읽으며 연습해 봅니다.

1, 2, 3 등 숫자 혹은 빗금의 개수 등으로 원고의 끊어 읽기 부분을 표시하여 의미 단위로 끊어 읽기와 자연스러운 호흡을 연습할 수 있게 도와줍니다.

✍ 활동 (1)

다음 〈예 ①〉을 읽어 봅니다.

띄어 쓴 부분이 있다 해도 빗금이 있는 곳까지는 의미 단위로 자연스럽게 말을 이어갈 수 있도록 연습해야 합니다. 자연스러운 호흡과 함께 의미 단위로 끊어 읽기를 합니다. 그렇지 않으면 말이 빨라지고 발음이 부정확해질 가능성이 커집니다.

빗금 1개는 약 0.5초 정도, 2개는 1초 정도의 포스(pause)를 둡니다. 1개는 선택하기에 따라 숨을 쉬거나 멈출 수 있습니다. 2개 및 3개는 코로 반드시 들숨을 쉴 수 있도록 지도해야 합니다.

💬 예 ①

하늘은 요술쟁이입니다.// 하늘은 배도 만들고,/ 토끼와 잠수함도 만듭니다.// 하늘이 눈물을 흘리면/ 하늘의 눈물이 땅으로 내립니다.// 하늘이 눈물을 그치면/ 일곱 빛깔 요정들이 옷을 말리려고 밖으로 나와/ 옷을 말립니다.// 또 하늘이 엉엉 울면 꽝 하고 번개를 치고/ 구름들이 그 소리에 놀라/ 번쩍 불빛을 내며 비를 내립니다.// 하늘은 구름의 친구입니다.// 구름이 부서지면 그 조각들을 모아/ 다시 구름을 뭉쳐 줍니다.//

✍️ 활동 (2)

직관적으로 말하기 연습을 해야 합니다. 이미지 카드를 활용해서 그림을 보고 바로 표현해 보는 연습입니다.

사실과 의견 중, 처음에는 사실 위주로 말하는 것을 연습하여 속도를 내게 합니다. 속도가 자연스러워진 이후에는 자기의 생각이나 느낌을 끝에 붙여 보는 연습을 합니다.

✍️ 활동 (3)

육하원칙으로 말하는 방법을 숙지해야 합니다. 주제를 정확히 전달하지 못하고 말이 느려지는 경우, 육하원칙에 따라 말을 하도록 연습하면 말의 속도 개선과 핵심 내용 전달에 모두 효과를 거둘 수 있습니다. '누가, 언제, 어디서, 무엇을, 왜, 어떻게'의 순으로 이야기를 자연스럽게 풀어가도록 합니다.

✍️ 활동 (4)

시간 순으로 말하는 방법을 숙지해야 합니다. 말이 느려지는 경우에 시간 순서에 따라 말을 하도록 연습하면 말의 속도가 자연스럽게 개선될 수 있습니다.

💬 예 ①

> 할머니 댁에 가서 아침에 (   )을 하고 점심에 (   )을 하고 저녁에 (   )을 하였다.

✏️ 활동 (5)

⟨A → B → A′⟩의 형태로 말하는 연습을 합니다.

💬 예 ①

하고싶은 말(주제) → 이유와 근거 → 주제 정리

6강

비언어 요소들의 마법

1 표정 연습

무표정한 얼굴로는 어떠한 내용을 전한다 해도 그 느낌을 다 전달하기는 어려울 것입니다. 감정에 따라서 얼굴 표정에 변화를 주는 것이 어려운 아이는 표정의 변화가 다양하지 않고 무뚝뚝한 느낌을 주어 또래 관계에서도 어려움을 느낄 수 있습니다.

즐거운 동요나 동시를 개사하여 표정 연습을 하면 효과적입니다.

✎ 활동 (1)

'산토끼' 노래를 개사한 아래 〈예 ①〉의 노래를 부르며 표정 연습을 합니다.

💬 예 ①

기쁠 땐 어떻게? 기쁠 땐 이렇게(표정)
슬플 땐 어떻게? 슬플 땐 이렇게(표정)
화날 땐 어떻게? 화날 땐 이렇게(표정)
행복할 땐 어떻게? 행복할 땐 이렇게(표정)

TIP

한 사람(혹은 한 팀)이 두 손바닥을 하늘로 향하게 하고 상대방에게 흔들면서 앞부분의 노래를 부릅니다. 반대편 사람(팀)은 뒷부분의 노래를 하며 '이렇게' 부분에서 해당되는 표정을 짓습니다. 또는 한 사람이 앞으로 나오고, 선생님이 얼굴을 가릴 수 있는 종이나 도구로 아이의 얼굴을 가립니다. 그 다음 전체 학생들이 앞뒤 소절의 노래를 모두 부릅니다. '이렇게' 부분에서 얼굴을 가린 것을 내리거나 올리면 아이는 해당되는 표정을 짓습니다.
가사를 계속 추가하면서 다양하고 섬세한 표정의 연습을 할 수 있습니다.

✏️ 활동 (2)

표정을 다양하게 지을 수 있는 동화로 연습합니다. 이야기의 내용에 따라 표정을 달리하며 말해 봅니다.

💬 예 ①

넓은 들판에서 홀로 양떼를 지키는 목동이 있었습니다. 산들바람은 불고, 하늘에는 흰 구름이 유유히 흘러가는데 양치기 소년은 무척 심심했습니다.

그래서 "늑대다!"라고 소리를 질러 보았습니다. 그랬더니 마을 사람들이 너도나도 몽둥이를 들고 달려왔습니다.

"어디? 어디? 늑대가 어디 있니?" 마을 사람들이 소년에게 물었습니다.

소년은 장난으로 해 본 소리라 그냥 웃을 수밖에 없었어요. 마을 사람들은 소년에게 눈을 흘기고 돌아갔지요. 소년은 조금 미안했지만, 재미있어서 혼자 키득키득 웃었습니다.

며칠 뒤 또 심심해진 소년은 다시 한 번 장난을 쳤습니다.

"늑대다! 늑대가 양들을 공격하고 있어요!"

이번에도 마을 사람들이 몽둥이를 들고 달려왔습니다.

"어디? 어디? 늑대가 어디 있니?"

소년은 대답할 말이 없어서 머뭇거리다가 그만 웃고 말았습니다.

화가 난 마을 사람들은 씩씩대며 돌아갔지요.

그러던 어느 날, 정말 한 무리의 늑대들이 양 떼를 향해 슬금슬금 다가오는 것이 보였습니다. 소년은 겁에 질려 고래고래 소리쳤습니다.

"늑대다! 늑대가 나타났어요! 진짜 늑대예요!"

늑대 무리는 점점 가까이 다가오는데 마을 사람들은 한 명도 오지 않습니다.

"늑대가 나타났어요! 진짜 늑대예요!"

아무리 큰 소리로 외쳐도 마을은 쥐 죽은 듯이 잠잠했답니다.

② 강조법

(1) 크게 강조

특정 부분을 크고 강하게 말함으로써 강조하는 방법입니다.

💬 예

김치를 많이 먹으면 감기에 안 걸리고 건강에도 좋다고 합니다.
김치를 많이 먹으면 **감기에** 안 걸리고 건강에도 좋다고 합니다.
김치를 많이 먹으면 감기에 안 걸리고 **건강**에도 좋다고 합니다.

(2) 작게 강조

특정 부분을 작게 속삭이듯이 말함으로써 강조하는 방법입니다.

💬 예

어제는 감기에 걸려 학교에 가지 **못했습니다**.

(3) 늘임 강조

특정 부분을 길게 늘여 말함으로써 강조하는 방법입니다.

💬 예

나는 엄마가 만들어 주시는 음식을 **정~말** 좋아합니다.

(4) 포인트 강조

특정 단어를 콕콕 찍어 스타카토 형식으로 말함으로써 강조하는 방법입니다.

💬 **예**

친구들과 사이좋게 지내려면 어떻게 해야 할까요?
먼저 **약속**을 잘 지켜야 합니다.

(5) 멈춤 강조

다음에 오는 말을 강조하기 위해 강조할 말 전에 짧고 강한 어조로 말한 후 3초 정도 멈추어 청중을 바라보며 궁금증을 유발시키는 강조법입니다.

💬 **예**

여러분, 매력적인 사람이 되기 위해서는 첫째, **(멈춤)** 친절해야 합니다.

(6) 작고 느리게 강조

특정 부분을 작게 그리고 느리게 말함으로써 강조하는 방법입니다.

💬 **예**

이렇게 국적 없는 말들이 우리의 정신을 **병~들~게(작고 느리게)** 하고 있습니다.

3 제스처 및 시선

아이들은 남의 앞에 서게 되면 손으로 무엇인가를 의지하려는 듯 만지작거리는 경우가 많이 있습니다. 바지 주머니를 만지작거리기도 하고 여학생의 경우 옷의 레이스를 잡고 있기도 합니다. 또, 몸을 좌우로 흔들거나 다리를 떨기도 합니다. 긴장해서 나오는 무의식적인 행동이죠.

자연스런 제스처 훈련을 통해 당당하고 설득력이 있는 멋진 모습을 만들어야 합니다. 스피치의 목적인 '전달력'에 '제스처'란 멋진 옷을 입혀주면 전달력은 더 배가될 수 있습니다.

제스처는 전체적으로 자연스러워야 느낌이 잘 살아납니다. 인위적이거나 딱딱하거나 애매모호한 움직임은 오히려 본인의 이미지나 전달력에 좋지 않은 영향을 끼칠 수 있습니다.

부드럽고 자연스러운 손동작, 부드러운 시선, 때로는 열정적인 큰 손동작과 설득력 있는 시선, 그리고 말의 내용을 보조해줄 수 있는 손동작 등, 내용에 따른 표정 변화나 어조의 변화 못지않게 제스처도 생생한 전달에 큰 도움을 줍니다.

말을 할 때의 시선 역시 중요합니다. 청중이 많거나 분산되어 있을 때 중앙, 좌, 우, 중앙의 순서로 말의 내용에 따라 적절히 시선을 이동하며 말을 해야 합니다. 가까운 상대방을 응시할 때는 미간 혹은 눈과 코 주변에 시선을 두는 것도 부담스럽지 않게 자연스러운 시선처리가 될 수 있습니다.

눈은 제 2의 입이라고 합니다. 내용에 따라 호소력 있는 시선, 실감나고 설득력 있는 시선 등을 잘 활용해야 합니다.

🖊 활동 (1)

아래 〈예 ①〉의 제스처를 연습해 봅니다. 양 손의 모양을 다르게 하며 적절하게 표현합니다. 자신감 있게 표현하되, 내용과 어울리게 표현합니다.

손동작은 해당 내용을 시작할 때 같이 시작하는 것이 바람직합니다. 내용의 뒤를 손동작이 따라가면 어색합니다. 손은 가슴 위에서 움직여야 하고 내용과 일체화된 자연스런 동작이 중요합니다.

💬 예 ①

손가락 강조(주로 검지 사용): 첫째, 둘째, 셋째, 단 하나, 제일, 정말
손바닥 강조(손바닥을 하늘로): 여기, 이쪽, 말씀하십시오
주먹 강조(강한 의지를 나타낼 때): 확실히, 꼭, 반드시, 더욱더
손바닥을 가슴에 대기(본인을 가리킬 때): 저는, 제가, 저를
양손 강조: 우리, 서로, 함께, 반드시, 여러분은 어떻게 생각하세요?

제스처를 할 때 주의할 점은 다음과 같습니다.

* 손등을 하늘로 향하여 사람을 가리키지 않아야 합니다(손바닥이 하늘로 향하도록 합니다).
* 제스처 손동작을 할 때 손은 빈손이어야 합니다(원고나 펜 등을 든 채 손동작을 하지 않습니다).
* 너무 잦은 손동작을 하면 산만해질 수 있어서 방해가 됩니다.
* 동선을 가지게 된다면 너무 많이 움직일 경우 내용 전달에 방해가 될 수 있으므로 적절히 움직입니다.

4 감정 표현

말을 할 때 감정을 실감나게 표현하는 것은 매우 중요합니다. 듣는 이의 공감을 얻을 수 있고, 내용을 보다 효과적으로 전달할 수 있기 때문입니다.

아래와 같이 감정 표현 연습을 해 봅니다.

✎ 활동 (1)

아래 〈예 ①〉의 감정단어 중 3~6개의 단어를 선택하여 최근 나의 감정을 표현해 보는 연습을 해 봅니다.

💬 예 ①

> 흐뭇하다, 아늑하다, 감사하다, 재미있다, 짜릿하다, 사랑스럽다, 상쾌하다, 뿌듯하다, 온화하다, 위로가 된다, 독특하다, 감동적이다, 답답하다, 서운하다, 섭섭하다, 서글프다, 불쌍하다, 불안하다, 걱정된다, 조심스럽다, 외롭다, 야속하다, 쓸쓸하다, 지겹다, 심심하다, 우울하다, 속상하다, 불쾌하다 등

✎ 활동 (2)

감정단어마다 실감나는 느낌의 목소리로 표현해 봅니다.

💬 **예 ①**

아빠가 줄넘기를 한 달간 매일 하면 놀이공원에 데리고 간다고 하셔서 너무 **기대**되었습니다. 그런데 줄넘기를 매일 500개 이상 하는 것은 너무나 **괴로운** 일이었어요. **지루**하기도 하고, 줄넘기를 하고 나면 몸이 너무 **피곤**하였습니다. 그렇지만 한 달을 다 해냈을 때의 **짜릿함**은 너무나 컸습니다. 놀이공원에 갈 생각을 하니 너무 **기대**되고 **설렙니다.**

✏️ **활동 (3)**

시작 단어를 주거나 마무리 서술어를 주고 나의 감정을 표현하는 문장이나 글을 만들어 봅니다. 그리고 목소리나 표정을 활용해 감정을 표현하는 훈련을 해 봅니다.

저학년은 세 줄 문장을 완성하도록 하고, 고학년은 다섯 줄 문장을 완성하도록 하는 등 난이도를 조정하면 됩니다. 문장의 내용이 계속 이어지도록 감정에 스토리를 담아 쓰도록 하면 좋습니다.

💬 **예 ①**

저학년(3줄) - 시작단어 주기: 수업시간

수업시간에 준비물을 빠트리고 온 것을 알고 크게 당황했습니다.
어제 짝꿍과 다투어서 민망했지만 준비물을 빌려달라고 부탁했습니다.
친구가 선뜻 빌려주어서 너무 고맙고 감동적이었습니다.

고학년(5줄) - 마무리 서술어 주기: 같습니다

가지런히 방 안을 정리하면
나의 마음은 파란 하늘 같습니다.
다양한 물건들이 줄을 서 있는 병정 같습니다.
라라라 노래부르며 합창할 것 같습니다.
방에 들어갈 때 상쾌한 공기의 마중을 받는 것 같습니다.

원고의 작성과 발표

1 완성도 있는 원고 작성

완성도 있는 원고를 위해서는 서론, 본론, 결론의 형식을 갖추어 작성해야 합니다.

서론에서는 듣는 사람의 흥미 및 궁금증을 유발하여 집중도를 이끌어내도록 노력해야 하며, 본론에서는 주제를 단단하게 하는 근거·인과관계·경험담 등을 통해 주제를 설득력 있게 전달해야 합니다. 결론에서는 감동이나 감화를 이끌어내고 주제를 상기시키며 의미를 되새기기 위해 다짐·미래에 대한 비전·실천의 의지 등으로 연결하면 좋습니다.

(1) 서론
① 질문으로 시작
② 최근에 접한 뉴스나 지식, 책의 내용 등으로 시작
③ 나의 경험담으로 시작
④ 명언이나 격언으로 시작
⑤ 오늘 이야기할 내용 안내

(2) 본론
① 주장 + '왜냐하면 ~ 때문입니다'
② 주장 + 근거(첫째, 둘째, 셋째…) + 주장 정리
③ 주제 제시 + 스토리텔링(시간 순, 육하원칙 등)

(3) 결론

① 명언, 격언, 속담 인용으로 마무리

→ 압축된 문구를 통해 여운을 주는 마무리 방법

② 본론의 내용 요약정리

→ 본론의 내용을 다시 한 번 간추리면서 마무리

③ 다짐이나 각오

→ 앞의 내용에서 느낀 점이나 노력할 점 등을 강조하며 마무리

④ 미래 비전 제시

→ 앞으로 성취될 희망의 메시지 전달하며 마무리

처음에는 서론, 본론, 결론을 하나씩 따로 작성해 보고, 나중에 전체 원고를 작성해 봅니다.

🖊 활동 (1)

다음 〈예 ①〉, 〈예 ②〉를 읽어 봅니다.

💬 예 ①

여러분은 약속을 잘 지키고 계신가요?

지난 토요일은 제 단짝 친구의 생일이었습니다. 초대장을 받아들고 무척 신이 났습니다. 맛있는 음식을 많이 먹고 친구들과 인라인스케이트도 타기로 했기 때문입니다.

그러나 저는 생일파티에 가지 못했습니다. 깜빡 잊고 약속 시간을 놓쳐버린 것입니다. 저를 기다리던 친구들은 화가 많이 났습니다. 저는 '약속시간과 장소를 잘 적어둘 걸…' 하고 뒤늦은 후회를 했지만 아무 소용이 없었습니다.

저는 앞으로 약속을 할 때는 시간과 장소를 정확히 정하고 달력이나 수첩에 메모하는 습관을 들이겠습니다.

여러분! 우리 모두 약속을 잘 지키는 어린이가 됩시다.

💬 **예 ②**

[서론]

여러분은 사람이 어떻게 장수할 수 있다고 생각하시나요?

(질문으로 시작)

제가 생각하는 장수의 비결은 마음의 행복도 될 수 있지만 가장 중요한 것은 심신의 건강이라고 생각합니다. 저도 건강의 중요성을 크게 실감했던 적이 있었습니다. 어릴 때 감기몸살에 걸려 자주 열이 났던 적이 있었습니다. 그 때 저는 자유롭게 움직이지도 못하고 원하는 것도 하지 못했습니다. 또 체력도 많이 떨어져서 조금만 움직여도 하루 종일 운동을 한 것처럼 무기력해지더라고요. 감기몸살에서 회복하고 나서 생각하니 건강이 있어야 삶도 편안해진다는 것을 조금이나마 실감했습니다.

(자기 스토리)

그래서 저는 오늘 어떻게 하면 건강을 유지할 수 있는지에 대해 제 나름의 생각들을 소개해드리고자 합니다.

(전할 내용 소개)

[본론]

먼저 꾸준히 운동하는 것이 필수적입니다. 운동은 여러분이 생각하는 것보다 더 많은 일을 합니다. 먼저 운동은 우리 몸의 나쁜 지방을 없앱니다. 이를 통해 체중도 조절할 수 있습니다. 또 운동은 우리 몸에 좋은 호르몬의 분비량을 늘리기도 하지요. 이런 호르몬은 장 기능을 활발히 하는 등 우리 몸에 긍정적인 효과를 줍니다. 뼈 성장에 관여하기 때문에 여러분 키도 커질 수 있습니다. 뿐만 아니라 운동은 우리 정신도 상쾌하게 합니다. 이렇게 운동을 하면 몸과 정신의 건강을 모두 챙길 수 있습니다.

(첫 번째 내용)

두 번째로 건강한 식사를 해야 합니다. 지방과 탄수화물 섭취량을 줄이고 무기질과 비타민 섭취를 늘려야 하지요. 이를 위해서 기름진 음식이나 튀긴 음식 등은 가급적 피해야 합니다. 과한 지방 섭취는 심장병 등을 유발할 수 있으니 조심해야 합니다. 또 설탕이 많이 포함된 단 음식은 최대한 적게 먹어야 합니다. 사탕, 젤리 등 설탕 함유량이 높은 음식은 당뇨병을 유발할 수 있기 때문이지요. 제가 아는 분은 단 음식을 워낙 좋아해 당뇨병에 걸렸던 적이 있습니다. 그분 말씀을 들어 보니 혈당량을 줄이기 위해 약을 먹고 운동을 하는 등 많은 고생을 했다고 합니다. 이렇듯 기름진 음식, 튀긴 음식, 단 음식은 피하고 채소 섭취량을 늘리면 건강 유지에 도움을 줄 수 있습니다.

(두 번째 내용)

마지막은 심리적인 요인인데요, 바로 스트레스를 줄이는 것입니다. 스트레스도 엄연히 건강을 위협하는 요인으로써 우리가 없애나가야 하는 것입니다. 스트레스를 풀기 위해서는 자신의 취미생활을 찾아야 합니다. 저의 취미생활은 농구인데요, 저는 매주 한 번은 농구를 하려고 노력합니다. 또, 스트레스를 덜 받기 위해서는 긍정적인 생각을 가져야 합니다. 할 수 없다는 부정적인 생각을 버리고 도전하겠다는 마음을 가져야 하죠. 자아 존중감이 높으면 높을수록 정신건강은 더욱 좋아질 것입니다. 이렇게 스트레스의 양을 최소화함으로써 여러분들의 건강은 한층 좋아질 수 있습니다.

(세 번째 내용)

[결론]

위와 같이 건강을 유지하는 방법 세 가지를 여러분께 소개해 드렸습니다. '건강은 그 어떤 것과도 바꿀 수 없다'라는 말이 있습니다. 이렇게 건강은 인간의 그 어떤 것보다도 중요한 것으로, 여러분의 행복한 삶을 위해 꼭 지켜야 할 것입니다. 감사합니다.

(마무리)

(1) 1단계

의미 단위로 끊어 말할 곳과 호흡을 하기에 적절한 곳을 체크하고 복식호흡을 통해 자연스럽게 말을 합니다.

(2) 2단계

부분 강조할 곳을 동그라미 등으로 표시하고 강조법의 종류를 메모합니다.

(3) 3단계

내용별로 목소리의 크기 단계를 1단계에서 10단계로 상세히 표기합니다.

(4) 4단계

실감나는 감정을 표현합니다.

(5) 5단계

손동작, 표정, 시선 등 몸짓 제스처를 메모합니다.

(6) 6단계

필요시 동선을 체크합니다.

(7) 7단계

복식호흡을 통한 발음, 발성, 속도는 기본입니다.

✏️ 활동 (1)

앞에 나왔던 예문으로 연습해 봅니다.

처음에는 모방으로부터 시작합니다. 그 다음에는 원고를 참고하며 감정을 이입하여 연습합니다. 나아가 나의 이야기를 원고 없이 키워드만을 가지고 즉흥 스피치로 실감나게 이야기할 수 있도록 합니다.

점층적인 연습과 개인 교정 및 훈련을 통해 즉흥스피치에 익숙해질 수 있고 주제를 벗어나지 않는 논리적 말하기를 체득할 수 있습니다.

행복이 스며드는 자녀 대화법 3

어느 겨울날, 몇 마리의 고슴도치가 너무 추워서 서로의 체온을 나누기 위해 모여 있었는데 가까이 다가갈수록 가시가 서로를 찔러서 너무 아파 결국 흩어지고 말았습니다.

그러나 흩어지면 심한 추위와 외로움을 견딜 수 없어 다시 모여들었지요. 그러면 또 가시에 찔려 너무 아팠기 때문에 흩어졌다가 또 모이기를 반복했습니다. 이럴 수도 없고 저럴 수도 없는 혼란에 빠지고 말았습니다.

이렇게 모였다 흩어지는 고통을 반복하다가, 마침내 가시의 통증을 견딜 만하면서 동시에 서로의 체온을 따뜻하게 주고받을 수 있는 가장 적당한 거리를 발견하게 되었습니다.

사람들은 고슴도치처럼 서로의 필요로 인해 관계를 맺지만 가시처럼 서로를 찔러 상처를 입히고 헤어지기도 합니다. 그러다가 적당한 거리를 유지하기 위한 방법으로 예의라는 것을 생각해냈습니다. 예의라는 것이 있기에 서로의 온기를 적당히 주고받을 수 있게 되었고, 가시에 찔릴 일도 없게 되었습니다. 만약 예의를 멀리하고 독선을 부리거나 남에게 상처를 주는 우를 범하는 사람은 춥고 고독한 겨울을 보내게 될 것입니다.

이 이야기는 쇼펜하워의 우화에 나오는 것으로, 이것을 심리학에서는 고슴도치 딜레마라고 합니다.

인간관계에서 거리의 중요성을 가르쳐주는 이야기로, 다른 사람과 관계를 맺는다는 것은 결국 상대에게 자신이 바라는 어떤 모습을 강요하고 강제하는 것이라고 볼 수 있습니다. 이것 때문에 그 상대에게 상처를 주게 되고, 이러한 관계는 오래 이어질 수 없습니다. 따라서 지속적으로 좋은 관계를 유지하기 위해서는 서로 간의 적절한 거리 유지(절도, 예절)가 필요하다는 사실을 설명하는 이론이라고 할 수 있습니다.

그렇다면 우리 아이와의 건강한 거리는 어떤 것이고 어느 정도를 말하는 것일까요?

양창순 박사는 경계선을 인정하자는 말을 했습니다. 경직된 경계선은 가족끼리도 '너는 너, 나는 나'라는 식으로 지나치게 독립적인 태도로 서로를 대하는 것이고, 너무 밀착된 경계선은 '너의 일은 모두 나의 일'이라는 태도를 보이는 경우입니다. 둘 다 어려움을 낳을 수 있는 모습이죠.

가장 바람직한 가족 간의 경계선이란 가족 사이에도 해서는 안 될 말과 해서는 안 될 행동이 있음을 받아들이는 것입니다. 적당한 거리를 유지해야 한다는 것입니다.

경계선을 인정하고 아이와 가속을 수용적 자세로 지켜봐주는 겁니다. 서로 미안함이나 죄책감 없이 자신이 원하는 것을 결정하고, 가족은 그 결정을 인정하고 격려하는 과정이 필요합니다.

자율적이고 독립적이면서도, 서로가 필요할 때는 서로를 위해 협동하고 응원하며 버팀목이 되어주는 것입니다. 이러한 적절한 경계선은 지속적이고 건강한 습관을 통해 만들어질 수 있습니다.

자율적이고 독립적이면서도 서로의 버팀목이 되어주는 건강한 가정의 습관을 만들어가야 합니다. 지금부터 이를 위한 일상의 노력들 세 가지를 살펴보겠습니다.

① 감사의 마음과 사랑의 표현이 충분한 가정입니다.

서로를 보살피고, 보살핌을 받고 있다는 사실을 잘 알고 있으며, 언제나 감사한 마음과 애정을 충분히 표현하고 상호 간의 버팀목임을 수시로 확인합니다.

"엄마의 생각을 들어주어서 고마워, 이렇게 개선해주어서 고맙구나."

"너의 이런 모습을 보니 엄마가 뿌듯하구나!"

"엄만 언제나 널 사랑한단다."

이와 같은 감사와 애정의 표현을 아끼지 말아야 합니다.

② 긍정적이고 자유로운 의사소통을 합니다.

수시로 발생하는 크고 작은 가족 간 문제를 정확하게 확인하고, 그 문제를 함께 해결하기 위하여 서로 소통하는 데 충분한 시간을 가집니다.

"넌 어떻게 생각해? 너의 생각은 그렇구나. 좋은 생각을 했네."

두려움 없이 서로의 생각과 의견을 자유롭게 나누며 충분한 의사소통의 기회를 마련합니다.

수용적 태도로 아이의 생각을 인정하고, 민주적이고 자유로운 선택을 통해 서로 양보하고 조율하는 가정의 문화를 만들어 가는 것입니다.

③ 헌신적인 마음으로 각자 본연의 의무를 충실히 수행합니다.

가족 구성원 각자는 본연의 자리에서 가족의 행복을 위해 노력하고 자신의 의무를 다하려는 마음가짐으로 노력을 합니다.

가족 공동의 활동을 위하여 시간을 내고 에너지를 쏟으려는 노력이 필요합니다. 일상에서 부모가 자녀와 가정을 위해 최선을 다하는 모습을 보여줄 때 자녀는 부모의 뒷모습을 보며 자연스레 습득하게 됩니다.

이와 같이 지나친 간섭을 자제하고 건강한 거리 속에서 감사의 마음과 애정의 표현을 주고받으며 자유롭고 긍정적인 의사소통을 충분히 나누고, 각자의 자리에서 가족을 향한 애정어린 마음으로 임무를 열심히 해내고 있다면 서로 소외되지도 않고 상처도 주지 않으면서 가족 간의 건강하고 든든한 거리를 잘 만들어갈 수 있을 것입니다.

지금까지 고슴도치 딜레마 이야기를 통해 건강한 거리를 유지하고 따스한 온기를 나누는 가족의 모습을 살펴보았습니다. 건강한 가정을 만들어 가는 것이야말로 엄마인 내 인생을 위한 바탕이란 것 잊지 않으셨죠?

행복한 아이를 만들기 위해 낮출 3가지

행복한 아이를 만들기 위해 낮출 3가지! 무엇일까 궁금하시죠?

행복의 가장 중요한 요건이 무엇이라고 생각하세요? 저는 개인적으로는 편안한 마음이라고 생각합니다. 생각을 자유롭게 표현할 수 있는 자기표현력, 새로운 생각을 해낼 수 있는 창의력, 그리고 여유 있는 유머들은 편안한 마음에서 창출된다고 생각합니다. 특히 아이들의 경우는 편안한 마음이 또래 집단과의 생활도 원활하게 만들어 줄 수 있습니다.

그러나 요즘은 정보의 홍수 속에 육아에 대한 불안이 나날이 커지고 있습니다. 많은 정보를 알게 될수록 비례해서 불안감도 커집니다.

그런데 어머님들, 이 말씀 들어보셨나요?

'발달의 끝자락을 낚아채라'라는 말이 있습니다. 다시 말하면 충분히 성숙한 후에 해도 늦지 않는다는 거죠. 다만 '그 시기를 놓치지는 말라'고 해석할 수 있습니다.

불안과 경쟁심리 속에서 마치 엄마가 미션을 수행하는 것처럼 많은 것을 빨리 가르치는 것이 결코 좋지는 않습니다. 너무 이르게 요구되는 교육은 제대로 된 교육이 아니고, 엄마나 아이의 마음에 많은 부작용을 가져올 수 있습니다.

과정을 중시하는 교육이 아닌, 결과를 이루려는 목표를 향해 가는 교육은 결국 당위성에 사로잡힌 교육이 되고 맙니다. 비교하며 불안해하는 마음이 엄마와 아이 모두에게 상처를 남깁니다. 고정관념의 틀을 가지고 정해놓은 규칙대로 잘 되지 않았을 때 비판, 우롱, 협박 등 좌절을 주는 말들이 아이에게 쏟아질지도 모르기 때문입니다.

그래서 아래의 '행복한 아이를 만들기 위해 낮춤 3가지'를 기억해야 합니다.

① 눈높이, 즉 몸을 낮추어야 합니다.

이 말은 곧 '적극적으로 경청하자'는 것입니다.

아이의 말을 적극적으로 들어주어야 합니다. 피자를 똑같이 나눠줬는데도 "동생 피자가 더 큰 것 같아요"라고 말하는 형이라면 그 마음은 '엄마는 동생만 사랑하는 것 같아요. 저에게도 사랑을 좀 주세요. 예전처럼요'라고 해석될 수 있는 것입니다. "동생 것이 크긴 뭐가 더 크니? 내가 보기엔 똑같은데. 네 것이 더 커 보이는데?"라고 반문한다면 아이의 마음을 읽을 준비조차 되지 않은 거겠죠.

적극적으로 듣기 위해서는 우선 아이들이 편안한 자세로 이야기할 수 있도록 눈높이를 내려 따뜻한 시선을 맞추며 분위기를 조성하고 아이의 마음으로 들어가야 합니다, 아이의 생각·감정·바람 등을 잘 파악하려면 아이의 마음에 주파수를 맞추어서 들어야 합니다.

아이의 말과 표정을 잘 관찰하며 아이의 생각을, 그리고 말 속에 숨어 있는 요구를 찾아내도록 애를 써야 합니다. 겉으로 표현되는 말보다는 그 속에 감춰진 마음을 읽어야 한다는 것입니다.

② 바라는 기대치를 낮추어야 합니다.

부모의 기대치가 너무 높으면 아이는 불안감과 좌절감을 느끼게 됩니다. 아무리 엄마를 기쁘게 해드리려 노력해도 엄마는 만족하지 못할 것이라는 생각이 아이의 도전을 포기하게 하는 결과를 낳습니다. 아이의 특성과 개성, 장단점 등을 있는 그대로 인정하고 조건 없이 받아주려면 먼저 부모의 기대치를 낮추고 듣는 귀를 갖춰야 합니다.

물론 기대를 무조건 낮추거나 기대를 전혀 하지 말라는 뜻은 아닙니다. 그 아이만의 개성이나 특성에 맞는 현실적이고 실현 가능한 기대치를 가지라는 것입니다.

급변하는 현재의 세상에서 내 아이의 어떤 점을 확대하고 발전시켜주면 좋을지 판단하고, 그 판단을 직시하며 거기에 걸맞은 기대치를 가지면 됩니다. 이로써 아이에 대한 적절한 기대치와 보살핌으로 아이가 강점 및 장점을 충분히 발휘하도록 도와줄 수 있습니다. 물론 불안감에서도 어느 정도 해방될 수 있고 좌절감은 생겨나지 않을 것이며 더욱 도전하는 힘도 만들어갈 수 있을 것입니다.

③ 감정을 조절하고 목소리를 낮추어야 합니다.

시시때때로 감정에 의해 질책하거나 훈계하는 말로 부모의 목소리가 커지면 아이는 두려움에 위축되고 부모에게 의존하는 의타심을 갖게 됩니다. 이로 인해 새로운 것에 도전하지 못하게 되고 결단력이 약한 아이가 될 수 있습니다. 또 마음속에서 부모를 향한 저항감이 자라나게 되며 친밀도도 낮아질 수밖에 없습니다.

1:2:3의 법칙에 대해 많이 들어보셨죠? 내가 한 번 말할 때 아이가 두 번 말하게 하고 세 번 리액션하라는 법칙입니다. 아이의 말을 귀담아듣는 경청의 올바른 자세라고 할 수 있습니다. 더불어 아이가 편안한 마음을 가지고 입을 열게 하는 바람직한 기준이기도 합니다.

아이가 편안한 마음을 갖는 것, 위의 세 가지를 낮추었을 때 얻게 되는 효과입니다.

오늘부터 천천히 나아가 봅시다. 눈높이를 아이에게 맞춰 낮추고, 너무 높은 기대치를 합리적인 기대치로 낮추고, 목소리가 격앙되지 않도록 따뜻하게 낮추어 봅시다.

PART 4.

즐기며 리더 되기
[Fun & Leader]

리더십 마인드 갖추기

1 성공의 열쇠, 자신감

성공의 열쇠는 자신감입니다. 아래의 활동을 통해 자신감을 기르도록 합니다.

✐ 활동 (1)

나의 장점을 찾아 칭찬을 받습니다.

💬 예 ①

> ㉠ 나의 장점, 잘하는 것, 착한 마음, 예쁜 모습, 칭찬해 줄 내용을 찾아 적고 큰 소리로 외치며 스스로 혹은 가족, 친구들의 환호성을 마음껏 받습니다.
> ㉡ 나의 장점꽃을 접어 꽃잎마다 장점을 적고 잘 보이는 곳에 붙여 놓습니다(꽃 모양은 자유롭고 다양하게 만들어도 됩니다).
> ㉢ 나의 '자랑질'을 큰 소리로 발표해 봅니다.
> ㉣ 나의 경험 중 칭찬받고 싶은 일을 '언제, 어디서, 무엇을, 어떻게'의 형식으로 적고 성공한 결과 등을 자세히 적어서 발표해 봅니다.

✐ 활동 (2)

나의 꿈을 동시로 적어 봅니다.

💬 예 ①

올챙이는 꿈을 꿉니다. 용감한 개구리가 되고 싶다고.
애벌레는 꿈을 꿉니다. 훨훨 나비가 되고 싶다고.
동글동글 알은 꿈을 꿉니다. 멋진 새가 되고 싶다고.
나도 꿈을 꿉니다. ('어떠한' + '사람 혹은 직업')이 되고 싶다고.

✏️ 활동 (3)

내 안의 보석을 찾아 연마해 봅니다.

💬 예 ①

ⓒ 꿈을 이뤘을 때 세상을 위해 할 수 있는 좋은 일 3가지를 적어 봅니다.
ⓛ 꿈을 이루기 위해 더 연마해야 할 3가지를 적어 봅니다(독서, 운동, 친구관계 등).

✏️ 활동 (4)

토론을 통해 뚜렷하게 자신의 생각을 주장해 봅니다. 아래 〈예 ①〉,
〈예 ②〉와 같이 주제를 정해서 토론해 봅니다.

💬 예 ①

ⓒ 하얀 거짓말은 때에 따라서 필요하다.
ⓛ 하얀 거짓말도 거짓말이기 때문에 어떤 경우에도 해서는 안 된다.

예 ②

○ 유치원생의 휴대폰 소지는 꼭 필요하다.
○ 유치원생의 휴대폰 소지는 필요하지 않다.

'왜냐하면 ~ 하기 때문이다'의 화법으로 진행하면 무난합니다.
고학년의 경우 사회자를 둘 수도 있고, 반드시 두 가지 이상의 근거를 말하게 하는 등 난이도를 조절해서 진행할 수 있습니다.

글로벌 리더로 가는 창의성

창의력이란 특이하고 새로우며 독특한 것을 만들어 내는 능력이다.
창의력의 구성 요소에는 문제의 감수성, 사고의 융통성, 유창성, 독창성이 있다.
- 토렌스

창의력이란 단순히 신비한 능력이나 선천적으로 타고난 재능이 아니라 창의적
사고기법과 도구를 사용하고 훈련함으로써 계발할 수 있는 능력이다.
- 에드워드 보노

창의성은 현재보다는 미래를 지향하며 우리의 삶의 질과 국가의 발전
에 기여를 하는 것이므로 매우 중요하다고 할 수 있습니다.

빌 게이츠는 '21세기는 생각의 속도가 좌우하는 시대가 될 것'이라고 했
습니다. 창의적 아이디어를 더 많이 떠올리고 현실에 접목시킬 수 있는
창의적인 사람이 훨씬 더 생동감 있고 다채로운 세상을 살아갈 것입니다.

🖊 활동 (1)

단어를 이용하여 이야기를 만들어 봅니다. 서로 아무 연관이 없는 단
어들을 조합하여 이야기를 꾸며 봅니다.

'단어 2개 → 단어 3개 → 단어 4개 → 단어 5개'와 같이 제시 단어의
수를 점차 늘리며 난이도를 높입니다. 논리성과 개연성이 확보된 이야

기를 꾸미도록 노력합니다. 언어의 유창성과 사고의 논리성을 키울 수 있습니다.

💬 예 ①

ㄱ 서로 연관 없는 단어만 (여름, 휴대폰, 책 등) 결합합니다.
ㄴ 수식어를 포함하여(뜨거운 여름, 새로 산 휴대폰, 술술 넘어가는 만화책 등) 난이도를 높이며 연습합니다.

✏️ 활동 (2)

스캠퍼 활동을 해 봅니다. 아이디어 창출의 대표 활동인 스캠퍼는 기존의 것을 재구성하는 활동으로, 다양한 아이디어를 창출하는 효과가 있습니다. 창의적인 변형을 통해 창의성을 향상시키게 됩니다.

기존의 물건을 바꾸고 합치고 제거하고 수정해서 더 좋은 기능의 물건으로 재탄생시켜 봅니다.

💬 예 ①

ㄱ 휴대폰을 누워서 편하게 보고 싶다. 편리한 휴대폰 거치대를 만들어 보자.
ㄴ 운동을 하는 동시에 손을 대지 않고 물을 마실 수 있는 모자를 개발해 보자.
ㄷ 부모님이 기분 좋게 숙면할 수 있도록 침대를 개발해 보자.

그림을 그리고 기능 설명을 씁니다.
제품을 홍보하는 스피치 발표문을 만들어 스피치를 합니다.
질문을 받고 대답하며 즉흥 스피치의 순발력을 강화합니다.
스피치 멘트의 뼈대를 만들어 개발자의 마인드로 청중에게 설명하고 설득하는 스피치로 진행해도 좋습니다.

③ 경청하는 리더

리더의 기본 자질은 구성원들의 말을 경청하는 것입니다. 아래의 활동을 통해 경청의 중요성을 일깨웁니다.

✏️ 활동 (1)

딴청피우기 실습을 합니다.

💬 예 ①

⊙ 한 사람이 자기소개를 하거나 최근에 있었던 일을 열심히 말합니다.
ⓛ 다른 사람은 휴대폰을 만진다든지, 다른 곳을 본다든지 딴청을 피웁니다.
ⓒ 이야기가 끝난 후 청자는 들은 내용을 정리해서 말해 봅니다.
ⓔ 이야기가 끝난 후 화자는 소감을 말해 봅니다.
ⓜ 줄거리를 잘 기억하지 못하는 청자의 느낀 점도 발표해 봅니다.

✏️ 활동 (2)

줄거리 압축하기 실습을 합니다.

💬 예 ①

⊙ 선생님이나 부모님이 5분 이상의 동화를 들려줍니다.

ⓒ 다 듣고 나서 아이는 그 내용을 2분의 1로 줄여 다시 말해 봅니다.

ⓒ 다시 3분의 1, 4분의 1로 간추리는 활동을 합니다.

ⓔ 이야기의 뼈대를 간추리는 논리력을 키울 수 있으며, 경청의 힘을 키우고 집중력을 강화하는 교육적 효과를 얻을 수 있습니다.

게임으로 강심장 되기

1 어휘력 게임

(1) 도시이름 도시이름 예예예

① 원진으로 둥글게 둘러앉습니다.

② '도시이름 도시이름 예예예'를 같이 외칩니다. 이 때 손을 가슴 높이에 두고 안쪽에서 바깥쪽으로 두 바퀴 돌리며 '예예예' 부분에서 자유롭게 본인만의 재미있는 동작을 합니다.

③ 첫 번째 사람이 '서울 서울 예예예' 하면 두 번째 사람이 '부산 부산 예예예' 하는 식으로 둥글게 돌아가며 진행합니다.

④ 3초 안에 도시 이름을 대지 못하면 '돼지꼬리'(탈락)입니다.

⑤ 앞에서 나왔던 이름을 대도 '돼지꼬리'입니다.

⑥ 모든 사람이 '도시이름 도시이름 예예예' 부분을 리듬에 맞추어 합창해야 하는데 본인 것을 생각하느라 합창을 못 해도 '돼지꼬리'입니다.

⑦ 끝까지 탈락하지 않고 최종적으로 남는 사람이 우승자가 됩니다.

도시 이름을 동물 이름, 나라 이름, 꽃 이름, 나무 이름, 위인 이름 등으로 연령에 맞게 난이도를 바꾸며 진행할 수 있습니다.
어휘력 확장에 도움이 되며, 즐거운 긴장감과 함께 순발력을 키울 수 있습니다.

② 집중력 게임

(1) 풍선 배구

① 여러 명이 함께 할 수도 있고, 두 명만으로 할 수도 있습니다.

② 반드시 앉아서 해야 합니다(양팔 간격으로 앉습니다).

③ 가운데에 네트 대용의 경계선을 정합니다.

④ 풍선을 불어서 토스와 스파이크로 반대편으로 넘깁니다.

⑤ 단체로 할 때는 반드시 한쪽에서 두 번 이상의 토스가 이어진 후 넘겨야 합니다.

⑥ 서브했을 때 상대편 맨 가장자리 사람이 팔을 뻗어도 닿지 못하는 위치로 풍선이 가면 서브미스로 넘긴 팀이 감점입니다.

⑦ 받으려는 사람이 반드시 'My(마이)!'를 외칩니다.

⑧ 정해진 스코어에 먼저 도달한 팀이 이깁니다.

안전에 대한 개념을 강조하며 상기시킵니다. 감점이나 승리 조건 등 규칙을 변형하고 응용하며 난이도를 높여 진행할 수도 있습니다.
규칙과 절차를 인지하며 게임의 룰을 지키고, 본인의 의사를 정확히 표현할 수 있도록 하면서 근육을 활용한 집중도 역시 높일 수 있습니다.

3 의사소통 게임

(1) 이심전심 게임

① 한 명이 앞으로 나와 한 가지의 사물을 마음속으로 생각합니다(사람 얼굴, 사과, 텔레비전 등).

② 직선, 곡선, 도형만을 이용해 설명을 합니다.

③ 듣는 친구들은 직선, 곡선, 도형으로 각자 그 사물을 그립니다(사람 얼굴의 경우 동그라미 여섯 개, 세모 세 개, 곡선 무제한 등).

④ 모두 다른 그림이 나와서 웃음을 유발할 수 있고 정답을 맞춘 학생이 나오면 선물 혹은 박수를 받습니다. 단, 제한시간을 두고 진행합니다.

(2) 응용 이심전심 게임 1

① 둘씩 짝을 지어 한 명은 설명을 하고 한 명은 질문을 할 수 있습니다.

② 선이나 도형을 그릴 위치, 길이, 개수 등을 질문하면서 원하는 그림에 더 가깝게 그릴 수 있습니다(사람 얼굴의 경우 동그라미 양쪽 아래, 중앙 아래쪽 가운데에 세모 등).

③ 마찬가지로 제한시간을 두거나 질문의 개수를 제한합니다.

(3) 응용 이심전심 게임 2

① 선이나 도형을 이용하여 협동 그림을 완성하는 게임입니다.

② 한 사람이 한 번에 도형 두 개만을 사용해서 앞 사람의 그림에 덧붙여 그립니다.

③ 정해진 도형만을 사용합니다.

④ 말을 하면 안 됩니다.

⑤ '팀원 전체가 몇 바퀴 돌 때까지'와 같이 횟수에 제한을 둡니다(시간으로 제한하면 서두르게 되어 완성도가 떨어진 그림이 나올 수 있습니다).

⑥ 상상력을 기르고 함께 성취하는 즐거움을 맛볼 수 있습니다.

⑦ 서로를 비난하지 않고 완성을 향해 함께 나아가는 협동 정신을 배웁니다.

✎ 활동 (1)

완성된 그림으로 아래와 같은 시를 만들어 발표해 봅니다.

💬 예 ①

동그라미가 여행을 하다 동그라미 친구를 만났어요.
"어! 눈사람이 되었네."
동그라미가 여행을 하다 세모 친구를 만났어요.
"어! 트라이앵글이 되었네."
동그라미가 여행을 하다 네모를 만났어요.
"어! 케익이 되었네."
동그라미, 세모, 네모가 모여 예쁜 집을 만들었어요.

4 기억력 게임

(1) 얼굴 가위바위보
① 얼굴을 이용하여 가위바위보를 합니다.
② 혀를 내밀면 가위, 볼을 부풀리면 바위, '아' 하고 입을 크게 벌리면 보
③ 입으로 하는 가위바위보를 통해 웃음을 유발합니다.

(2) 발로 하는 가위바위보
① 양발을 앞뒤로 교차하면 가위, 양발을 오므려 모으면 바위, 양발을 옆으로 벌리면 보
② 야외나 넓은 장소에서 진행하기에 적합합니다.

(3) 애교 가위바위보
① 검지와 중지를 벌려 눈가에 대면 가위, 검지와 중지로 보조개를 누르면 바위, 엄지와 검지를 벌려 턱에 대면 보
② 웃음을 유발하며 즐거운 가위바위보가 될 수 있고, 집중력과 기억력을 향상시킵니다.

(4) 목표 가위바위보
① 단어 정해서 써나가기, 시계 그리기, 태극기 그리기 등의 목표를 정합니다.
② 가위바위보를 해서 이긴 사람이 한 획씩 쓰거나 그려나갑니다.
③ 그림이나 글자를 먼저 완성한 사람이 승리합니다.

(1) 나를 찾아줘요

① 메모지에 자기의 신체 및 기타 정보를 5~6가지 적어 제출합니다
(혈액형, 몸무게, 신발 크기, 좋아하는 색깔, 좋아하는 음식, 가장 좋아하는
취미, 가장 잘하는 것 등).

② 제출한 메모지들을 상자에 넣습니다.

③ 다른 사람이 상자에서 하나를 꺼내어 적힌 정보를 읽습니다.

④ 읽은 사람은 그 정보를 가지고 유추하여 그 사람이 누구인지 맞힙
니다.

⑤ 정확히 맞히면 그 정보를 적은 사람이 일어나서 다른 정보도 덧붙
여 자기소개의 시간을 가집니다.

⑥ 맞히지 못했을 경우 다른 메모지를 꺼내어 한 번 더 기회를 가집
니다.

상대에게 관심을 갖게 하여 친밀감을 조성해 주는 게임입니다. 또한 구성원 전체가 자기에게
시선을 보내며 관심을 가질 때 주인공이 된 것 같이 기분 좋은 느낌을 받을 수 있습니다.
또한 이미 제출된 자기소개의 기본 자료를 가지고 발표를 하게 되면 크게 당황하지 않고 자연
스럽게 자기소개로 연결할 수 있습니다. 단, 본인이 공개하고 싶은 영역까지만 하는 것을 원칙
으로 하며 부담을 가지게 해서는 안 됩니다.

(2) 직업 알아맞히기

① 관련된 물건을 말하면서 해당 직업을 맞히는 게임입니다.

② 시간 제한을 둡니다. 연령에 따라 난이도를 조절합니다.

③ 지역 맞히기, 물건 맞히기 등으로 응용하여 다양하게 진행할 수 있습니다. 어휘력 확장에도 도움이 됩니다.

💬 **예**

약초, 침, 뜸 : 한의사
마이크, 무대, 노래 : 가수

(3) 너의 나이와 태어난 달을 맞혀주마

① 본인의 나이와 생월을 마음속으로 생각하게 합니다.

② 생월에 2를 곱하고, 5를 더하고, 50을 곱합니다.

③ 그 수에 나이를 더하고, 250을 뺍니다.

④ 마지막으로 나온 수에서 뒤의 두 자리는 나이, 앞의 한 자리는 태어난 달입니다.

(4) 이 숫자만은 피해주세요

① 말하면 벌칙을 받게 될 숫자를 정합니다.

② 둥글게 둘러앉아 돌아가면서 한 사람씩 숫자를 말합니다.

③ 한 명이 최대 3개의 숫자까지 말할 수 있도록 합니다.

④ 인원수에 따라 걸리는 숫자의 개수를 적절히 정합니다(너무 짧거나 길게 돌아가지 않도록).

⑤ 해당 숫자를 말하는 사람이 벌칙을 받습니다.

두 사람이 서로 주고받으며 게임을 할 수도 있습니다.
필승 전략을 잘 찾아 전략을 짜게 합니다.

(5) 주사위 던지기와 수식을 이용한 목표값 근사치 맞히기

① 주사위를 정한 횟수만큼 던져서 나온 수를 더합니다. 정해진 수에
가장 근접한 수를 먼저 던지는 사람이 승리하는 게임입니다.

② 고학년은 수식을 정해 게임합니다.

💬 예

( ) + ( ) × ( ) - ( ) / 2 = □

(6) 무인도에서 살아남기 게임

더운 여름에 무인도에 갇혔다. 구조 함정은 15일 후에 온다고 한다. 자력으로 15일을 살아
야 한다. 가진 것은 아무것도 없다. 의식주를 해결해야 하고 도구를 만들어야 한다.

① 식량 해결(물고기 잡기, 산나물 채취, 동물 사냥, 사냥 도구, 물과 불, 용기
등), 옷 해결, 집 해결 방안을 생각합니다.

② 저학년, 고학년으로 구분하여 더 과학적인 해결책을 생각하도록
세부항목을 더 늘려서 진행합니다(계절을 변경, 집을 짓는 설계도 등).

(7) 컵 갓 이고 반환점 돌아오기

① 종이컵 입구 넓은 부분을 가위로 1/3 정도 오린 후 바깥쪽으로 접
습니다.

② 갓처럼 생긴 종이컵을 머리에 이고 걸어가서 반환점을 돌아오는
   게임입니다.
③ 팀별로 진행하며, 출발선으로 돌아왔을 때 손으로 내려 다음 친구
   의 머리에 올려줍니다.

손등에 올려서 진행하거나 두 사람이 손을 잡은 채 진행하는 등 난이도를 달리하며 게임을
진행해 봅니다.

위의 게임들을 생활 속에서 응용하고 변형하면서 새롭게 창작하는
창의성을 발휘해 봅니다.

신선함! 개사, 율동의 고안

1 개성, 나처럼 해봐라

(1) 동작 따라하기

① 리더 한 사람이 앞으로 나오고, 아래의 노래를 함께 부릅니다. '이렇게' 부분에서 리더는 자기만의 동작을 합니다.

> 나처럼 해봐라 이렇게 (3초)
> 나처럼 해봐라 이렇게 (3초)
> 나처럼 해봐라 이렇게 (3초)
> 나처럼 해봐라 이렇게 (3초)
> 라라라 재미있다

② 리더의 동작을 구성원들 전체가 따라합니다.

③ 실내에서는 앉은 채로 제자리에서 하고, 실외에서는 움직이면서 동작을 합니다.

④ '라라라 재미있다' 부분에서는 박수를 치면서 리더가 다음 리더를 지목합니다.

⑤ 지목을 받은 리더는 바로 뛰어나와 새로운 동작을 이어갑니다.

박자를 놓치지 않고 리듬을 따라갈 수 있는 리듬감, 동작을 개성 있게 할 수 있는 순발력, 자신감 등이 향상됩니다.
팀별 대항도 가능합니다. 팀원들과 미리 동작을 통일할 시간을 줍니다. 그 후 팀별로 마주보고 앉은 다음 '우리처럼 해봐라 이렇게'로 개사하여 진행하면 됩니다.
'라라라 재미있다' 부분에서 박수 대신 각자 개성 있는 동작을 해도 좋습니다.

② 순발력, 개사하기

(1) 가사 바꾸어 부르기

① '시골영감 처음 타는 기차놀이에' 노래의 가사를 바꾸어 부릅니다.
예를 들면 다음과 같습니다.

> 아프리카 사람들은 만두를 좋아해.
> 만두를 많이 먹어 배탈이 났어.
> 무서운 간호사가 주사를 놨어.
> 어머어머어머어머 너무 아파.

② 이와 같이 2절의 가사도 지어 봅니다.

③ 초등학교 저학년의 경우 율동도 고안해볼 수 있습니다. 이를 통해
창의성 및 순발력을 기릅니다. 개인별, 팀별로 진행할 수 있습니다.

> 가능하면 가사와 동작을 코믹하게 만들어 보라고 주문합니다. 유머 감각이 향상될 수 있습니다. 유머는 여유로움과 자신감을 갖게 하는 큰 재산입니다.

3 ⟩ 협동, 리더의 역할 수행하기

(1) 그룹 율동 고안

① 팀을 정하고 아래의 노래에 맞추어 팀별 율동을 고안합니다.

싹트네 싹터요 내 마음에 사랑이
싹트네 싹터요 내 마음에 사랑이
밀려오는 파도처럼 사랑이 싹터요.
싹트네 싹터요 내 마음에 사랑이

싹트네 싹터요 내 마음에 꿈이
싹트네 싹터요 내 마음에 꿈이
밀려오는 파도처럼 꿈이 싹터요.
싹트네 싹터요 내 마음에 꿈이

② '싹트네 싹터요' 부분, '내 마음에 사랑이(꿈이)' 부분, '밀려오는 파도
처럼' 부분에 각각 율동을 고안합니다.

팀별로 개성 있는 동작을 만들어 발표하면 손동작의 모양, 움직임의 크기 등이 일관성 있게 표현되어 아이들이 매우 즐거워합니다.
발표를 하다 보면 각 팀 사이에 선의의 경쟁심이 생겨 점점 동작이 커지고 자신감 있게 표현하게 됩니다. 또한 리더의 역할을 돌아가며 해 보는 기회도 가질 수 있습니다.

행복이 스며드는 자녀 대화법 4

아래의 단어는 언제 사용하는 말들일까요?

'100초, 심호흡, 거울 보기, 산책'

네, 맞습니다. 화가 올라올 때 화라는 감정의 김을 빼기 위한 방법들입니다.

인디언들이 곰을 잡는 방법을 아시는지요?

아메리카 인디언이 곰을 잡는 방법은 원시적인 형태입니다. 우선 커다란 돌덩이에 꿀을 바르고 나뭇가지에 밧줄로 매달아놓는다고 합니다. 그것을 발견한 곰은 꿀을 먹기 위해 앞발을 들고 돌덩이를 잡으려 하겠죠? 그러면 돌덩이가 곰의 앞발에 차여서 진자 운동을 하기 시작합니다. 앞으로 밀려났던 돌덩어리가 다시 돌아오면서 곰의 이마를 때립니다. 그러면 곰은 화가 나서 점점 더 세게 돌덩이를 칩니다. 곰이 돌덩이를 더 세게 치면 칠수록 돌덩이는 더 큰 반응으로 곰을 후려칩니다. 결국 곰은 화를 이기지 못하고 스스로를 죽음으로 몰아갑니다.

곰처럼 '폭력의 악순환을 중단시킬 방법'을 모른다면 우리는 수시로 분노에 사로잡혀 마음의 평정을 잃을 수가 있습니다. 자기의 이마를 때린 돌덩이에 대한 복수심이나 분노가 결국 스스로를 죽게 만드는 거죠.

우리도 평소에는 감정과 이성이 잘 균형을 맞추어 평정심을 유지하고 있습니다. 그러나 화라는 감정이 슬금슬금 올라오면 이성의 힘이 약해집니다. 급속히 올라오는 부정의 감정에 지배를 당하는 거죠! 특히 요즘은 아이와 가족들이 함께 있는 시간이 많아지면서 화가 올라올 가능성이 더 커졌습니다.

화의 김을 빼기 위한 팁을 드리겠습니다. 평소에 기억하고 있으면 좋습니다.

오늘의 주제는 '화가 날 때는 STC를 꼭 기억하자'입니다.

화가 날 때 어머니들은 어떻게 하시나요? 소리를 지르거나 아이에게 화살을 돌리며 지나치게 충동적으로 혼을 내면서 화를 표현해 버리지는 않나요?

화를 자주 내는 엄마에게서 짜증을 잘 내고 참을성 없는 아이의 모습이 나옵니다. 더욱 걱정스러운 것은, 화는 아이에 대한 죄책감으로 이어져서 엄마의 마음 건강에도 좋지 않습니다. 화는 대물림되는 악습이 되기도 합니다.

화내는 습관과 욱하는 마음을 줄이고 끊어내는 연습을 해야 합니다. 그렇다면 각자 내 마음을 다스리는 방법이 있으신가요?

산책을 한다, 음악을 듣는다, 청소를 한다. 어떤 어머님은 베개를 두드린다고 하십니다. 먼지가 좀 나긴 하겠지만 나름 나쁘지 않은 방법입니다.

화를 내재하고 있는 것보다는 표현하는 것이 건강하기는 한데, 그 화가 아이나 남편 등 가족에게 직접적이고 충동적으로 향하지 않아야 합니다.

개그우먼 김지선 씨가 어느 프로그램에서 화에 대한 일화를 이야기하는 것을 듣고 가슴이 아려왔던 적이 있습니다.

새 차를 산 어느 아버지가 그 차를 너무나 아끼며 애지중지하고 있었다고 합니다. 어느 날 나가보니 아들이 차를 다 긁어놓았지 뭐에요. 순간 화를 참지 못한 아버지가 아이를 마구 때려서 병원에 입원을 할 지경까지 됐다고 합니다. 나중에 차를 깨끗이 닦고 보니 아이가 차에 'I LOVE DADDY'라고 써 놓은 것이었다고 합니다. 아빠가 욱하는 돌발적 화를 조금 참았더라면 아이의 마음을 읽을 수 있었을 것이고 돌발적인 폭력으로 남진 않았을 텐데, 결국 두 사람 모두에게 큰 상처로 남고 말았습니다.

본인도 제어를 못하는 상태, 화가 어떻게 표출될지 모르는 그 순간을 조심해야 합니다. 우발적으로 생긴 많은 사건들도 아마 화를 참지 못해 발생한 것이 많을 것입니다.

'화가 났을 때 딱 100초만 그 자리에 가만히 놔두자'라는 말도 있습니다. 화는 움직이는 감정이기 때문에 잠시만 그대로 두면 이내 크기가 작아지고 누그러지면서 변신을 하는 속성이 있다는 것입니다. 그리고 그것은 역으로 말하면 화를 가만히 두지 않고 계속 분노를 덧붙이면 증폭되는 특성이 있다는 말도 됩니다.

분노조절 연습에는 이러한 것들이 있습니다. 심호흡(복식호흡), 숫자 거꾸로 세기, 마음속에 이미지 그리기, 즐겁고 평화롭고 행복한 장면 상상하기(심상훈련), 거울 보기, 화내고 있는 자신을 객관적으로 보기, '잠깐만!'이라고 외치기 등입니다.

'화를 내리기 위한 연습 STC'. 오늘부터 화를 잘 다스리기 위해 꼭 기억해야 할 세 단어입니다.

화가 올라올 때 'STOP, THINKING, CHOICE'를 적용시키라는 것입니다. 부부싸움에서도 마찬가지겠죠?

먼저 일단 가만히 멈추어 기다리고(STOP), 그 다음엔 그때의 상황, 그때의 감정, 나에 대한 이해, 상대 입장에서의 이해를 차분히 해보는 생각의 시간을 가집니다(THINKING). 그리고 나서 침착하게 나의 행동이나 말을 선택합니다(CHOICE).

이 세 가지만 잘 실천된다면 충동적으로 행동하지 않고 화를 잘 제어하는 시간을 벌 수 있을 것이라 생각합니다.

화가 날 때 일단 멈추자, 상황을 잘 파악하고 생각하자. 그리고 바람직한 선택을 하자는 것입니다. 'STOP, THINKING, CHOICE' 실천해 보실 수 있으시겠죠? 꼭 기억하시기 바랍니다.

아이를 대하는 나의 모습, 잘 해보고 싶은데 마음처럼 되지 않아서 고민이 많으시죠?

부모 자녀 대화에 관련한 수업을 현장에서 2~3차례 하고 난 후 어머님들을 다시 만날 때 몇 분의 얼굴이 어둡습니다.

"선생님, 지난 시간에 배운 부분을 집에서 실천해 보려고 애는 쓰는데 잘 안 돼요. 오늘도 아이에게 버럭 하면서 화를 내버렸네요."

아이와 답답한 상황에 처하면 그만 화가 치밀어오르고 소리를 지르게 된다는 호소였습니다.

일상에서 아이에게 하는 말투를 잘 분석해 보고 거기에 대한 성찰을 나름대로 진지하게 한 날이라면 더욱 마음이 가라앉겠죠.

또 다른 어머님은

"오늘 또 아이가 하는 일을 좀 지켜보다가 답답해서 빼앗아 제가 해결해주고 말았네요."

수용의 의미를 배우고 아이의 행동, 말, 생각을 수용하라는 수업을 한 날 저런 상황이 벌어졌다면 어머님은 되도록 간섭하지 말고 아이를 지켜보는 수용이 정말 어렵다고 느끼시겠죠?

"잘 해보고 싶은데 쉽지 않아요. 아이가 제 마음을 몰라줘요. 남편이 도와주지 않아요. 저는 좋은 엄마가 될 수 있을까요?"

죄책감, 불안, 걱정이 엄마한테는 계속 따라다닙니다. 좋은 엄마가 되어 아이를 잘 키워보고 싶다는 열망은 모든 어머님들께 다 있습니다.

이 때 저는 기술 습득의 4단계를 말씀드립니다. 오랫동안 사람에게 고착된 습성과 행동들이 하루아침에 개선되는 것은 어렵습니다.

학습이든, 기술이든, 태도의 개선이든 새로운 상황으로 전환되기까지 저는 이 4단계의 과정을 반드시 거쳐야 한다고 생각합니다.

① 첫 번째 단계는 무의식적인 미숙련 단계입니다.

개선점 파악이 안 된 상태라고 말할 수 있습니다. 처음 시작하는 단계로, 무엇이 문제인지 그리고 어찌해야 좋을지 아직 모르는 상태입니다. 아이에게 어떤 말을 써야 할지, 어떻게 대해야 할지 확실한 지침이 서지 않은 상태라 말할 수 있겠죠. 아직 잘 모르기 때문에 숙련도 안된 상태입니다.

② 두 번째 단계는 의식적인 미숙련 단계입니다.

이론 공부나 연습 등을 통해 자신의 문제점을 알고 해결 방법도 알게 됩니다. 하지만 이를 바탕으로 해서 의식적으로 노력은 하나 몸에 익지 않은 상태인 거죠. 앞서 설명했던 어머님들처럼 개선할 부분을 의식하고 노력하고자 하지만 잘 안 되는 상황인 거죠.

③ 세 번째 단계는 의식적인 숙련 단계입니다.

기술을 몸에 익히는 단계입니다. 몸으로 의식하면서 반복해서 연습합니다. 의식도 하고, 또 연습과 노력을 통해 얻고 싶은 결과를 얻어낼 수 있는 단계입니다. 아이를 대하는 나의 모습이 한층 눈에 띄게 달라지겠죠?

④ 네 번째 단계는 무의식적인 숙련 단계입니다.

다시 말해 몸에 자연스럽게 스며들게 되는 겁니다. 반복 연습을 통하여 의식하지 않고도 기술을 몸이 기억하는 상태에까지 도달합니다. 자녀를 대하는 바람직한 엄마의 모습이 노력하지 않아도 저절로 몸에 배어서 나오는 이 상태를 'totally immersed(완전히 스며든)' 상태라고 합니다. 우리는 이 단계를 향해 한 계단, 한 계단 올라가고 있는 중입니다.

우리 어머니들은 어떤 단계인가요? 아마 어려움을 호소하는 단계는 2단계겠죠? 잘 해보고 싶고, 바람직한 대화의 태도를 가지고 싶은 마음이지만 아직 몸에 배지 않은 의식적인 숙련 단계라고 볼 수 있습니다.

그럼 우리는 어떤 단계로 성장을 해야 할까요? 많이 생각하면서 조금씩 나아가다 보면 의식적인 숙련 단계로 돌입할 것이고, 나아가 우리가 진정으로 도달하고자 하는 무의식적인 숙련 단계로 성장할 것입니다.

자녀를 대하는 말과 행동들이 몸에 배어서 자연스럽게 아이의 자존감과 자신감을 높여주는 대화로, 그리고 의사소통이 원만하게 잘 되는 가정으로 향하게 될 것입니다.

이것은 아이를 존중하고 수용하며, 아이에게 공감하고, 또한 나를 성실하게 표현하는 대화의 기본 품성을 갖추면서 시작된다는 것을 잊지 마시기 바랍니다. 그것이 건강한 가정으로 가는 우리 엄마들의 여정이고 성장입니다. 그리고 엄마인 내 인생의 행복을 향해 가는 밑거름인 것입니다.

PART 5,

말하기,
글쓰기 실전
[Practice]

에피소드 스피치로 인기몰이

일기는 형식이 없는 글입니다. 그러나 그날 있었던 일반적인 사실만을 기록하는 것은 별 의미가 없습니다. 따라서 그날의 일상 속에 있었던 일을 중심으로 쓰되, 그 일에서 어떤 주제나 새로운 의미를 발견하여 내용을 자세하게 쓰는 것이 좋습니다.

* 하나의 사실을 중심으로 그에 대한 기억과 느낌을 주관적으로 씁니다.
* 새롭게 발견한 주제와 새로운 의미를 담아서 씁니다.
* 교훈이나 반성의 뜻을 담아서 씁니다.
* 그날의 체험이나 생각 중에서 한 가지를 정하여 씁니다.
* 글감에 대하여 짜임새 있게 씁니다.
* 한 가지 일에 대하여 자세하게 씁니다.

발표문의 형식을 빌려 서론, 본론, 결론을 잘 구성하고 교훈이나 반성의 뜻을 뒤에 배치하면서 주제를 잘 전달합니다. 자신만의 특별한 기억을 바탕으로 교훈을 주는 발표문으로 쓰는 것이 좋습니다.

✎ 활동 (1)

다음의 일기 〈예 ①〉과 일기를 활용한 발표문 〈예 ②〉, 〈예 ③〉을 읽어
봅니다.

💬 **예 ①**

> 오늘 텔레비전에서 토마토에는 비타민과 미네랄이 많아 몸에 좋다는 방송을 보았다.
> 그동안 나는 토마토를 싫어했다. 신맛이 나기도 하고, 옷에 붉은 즙이 묻기도 하여 먹
> 기를 싫어했다.
> 하지만 오늘 방송을 보고 토마토를 잘 먹어야겠다고 생각했다.
> 몸에 좋은 토마토, 키가 크는 토마토, 건강에 좋은 토마토라는 것을 알게 되었다.
> 앞으로 토마토를 열심히 먹고 건강을 위해 힘써야겠다고 다짐했다.

💬 **예 ②**

> 여러분, 저는 토마토를 싫어했습니다.
> 신맛이 나기도 하고 옷에 묻기도 하여 싫어했습니다.
> 그런데 오늘 텔레비전에서 토마토에는 비타민과 미네랄이 많아 몸에 좋다는 방송을
> 보았습니다.
> 저는 이제부터 토마토를 잘 먹어야겠다고 생각했습니다.
> 몸에 좋은 토마토, 키가 크는 토마토.
> 우리 모두 건강을 위해 토마토를 많이 먹자고 힘차게 외칩니다.
>
> (출처: MSL 메타 스피치, 메타스피치 편집국)

옆집에 할머니와 할아버지께서 이사를 오셨습니다. 무거운 짐을 나르시는 할머니를 보고 엄마와 저는 함께 짐을 옮겨드렸습니다.

저녁에 밥을 먹고 있는데 초인종이 울렸습니다. 할머니께서 김이 모락모락 나는 시루떡을 주시며 말씀하셨습니다.

"도와줘서 고마워요, 앞으로 사이좋게 지내요."

저는 시루떡을 먹으며 이웃사랑이 시루떡보다 더 따뜻하게 느껴졌습니다.

'이웃사촌'이라는 말이 있습니다. '먼 사촌보다 가까운 이웃이 낫다'라는 말도 있습니다. 서로 이웃에 살면서 정이 들어 사촌형제나 다를 바 없이 가까운 이웃이라는 뜻입니다.

여러분! 우리도 이웃 어른께 먼저 인사하고 어려운 일은 서로 도와주는 사촌 같이 사이좋은 이웃이 됩시다.

감사합니다.

TIP

위와 같이 자신이 겪은 일, 그리고 그 일로 인한 변화, 앞으로의 다짐 등이 잘 나타나도록 발표문으로 작성합니다.

생활문을 통한 에피소드 스피치

　우리 주변에서 흔히 일어나는 일들을 잘 관찰하여 발견된 주제나 의미에 따라 생각과 느낌을 더해 쓰는 글을 생활문이라고 합니다. 생활문은 생활 속에서 겪은 체험으로부터, 그리고 자연이나 사색으로부터 글감을 찾아 씁니다. 생활문으로써 가치를 가지려면 무엇보다도 내용이 충실해야 합니다. 생활 주변의 잡다한 기록이 아니라 생활 주변에서 발견한 주제나 새로운 의미에 대하여 깊이 생각하며 가치 있는 글을 써야 하는 것입니다.

> * 평소에 관찰력을 가지고 사물을 대해야 합니다.
> * 사물을 대할 때는 주제나 의미를 발견해야 합니다.
> * 주제나 의미가 우리의 사고와 행동에 주는 영향을 고려해야 합니다.
> * 다양한 소재를 발견할 줄 알아야 합니다.
> * 주제나 의미를 담아서 창의적인 글을 씁니다.

✎ 활동 (1)

　다음의 생활문 〈예 ①〉과 생활문을 활용한 에피소드 스피치 〈예 ②〉를 읽어 봅니다. 생활문을 활용한 에피소드 스피치는 발표문의 형식을 빌려 느낌, 감정, 당부할 말 등을 마무리에 배치하며 주제를 잘 전달합니다.

💬 **예 ①**

우리 반에는 언제나 웃는 친구가 있다.

옆의 친구와 부딪혀도 화를 내지 않고 웃는다.

아침에 누구든 눈이 마주치면 먼저 인사하며 환하게 웃어준다.

지금까지 그 친구가 화를 내거나 우는 모습을 한 번도 본 적이 없다.

그래서 우리 반 친구들 모두 그 친구를 좋아한다.

친구와 함께 밝게 웃으면 나도 기분이 좋아진다.

웃는 얼굴은 모두를 행복하게 만들어 주는 것 같다.

그동안 나는 화도 내고 찡그리는 얼굴도 자주 했는데 앞으로 웃는 얼굴, 예쁜 얼굴의
사람이 되어야겠다.

💬 **예 ②**

우리 반에는 언제나 웃는 친구가 있습니다.

옆의 친구와 부딪혀도 화를 내지 않고 웃습니다.

아침에 누구든 눈이 마주치면 먼저 인사하며 환하게 웃어줍니다.

한 번도 화를 내거나 우는 모습을 본 적이 없습니다.

그래서 우리 모두 그 친구를 좋아합니다.

친구와 함께 밝게 웃으면 모두의 기분이 좋아집니다.

웃는 얼굴은 모두를 행복하게 만들어 줍니다.

여러분! 그동안 화도 내고 찡그리는 얼굴도 자주 했는데 앞으로는 웃는 얼굴, 밝은 얼
굴의 사람이 되어야겠습니다.

우리 모두 웃는 얼굴, 예쁜 얼굴의 친구가 됩시다.

주장하는 글로 연설문 스피치

1 나의 주장 주제 연설문

주장 주제 연설문은 개인과 개인 간의 대화가 아닌, 대중을 상대로 하여 이해·감동·설득을 목표로 하는 발표문입니다.

주제에 따라 말을 하는 사람은 청중을 설득해야 합니다. 연설문의 기본 원리는 다음과 같습니다.

① 청중의 수준과 욕구에 부합하여 청중의 감동을 이끌어내는 주제로 짜임새 있게 구성해야 합니다.
② 쉬운 말과 어감이 좋은 말, 어법에 맞는 말을 쓰며 확신과 신념이 넘치는 말을 써야 합니다.
③ 적절한 수사를 활용하여 내용을 충실하게 작성하며, 무엇보다 철저한 연습을 통해 준비하고 자기화해야 합니다. 또 음성, 태도, 기교 등도 자연스럽게 표현할 수 있도록 숙달해야 합니다.

✎ 활동 (1)

다음과 같이 청중의 감동을 이끌어내는 주제로 주장하는 글을 써 봅니다. 개요를 작성한 후 연설문의 형태로 바꾸어 써 봅니다.

㉠ 자신의 생각과 주장을 설득력 있게 나타낼 수 있는 주제 선정
㉡ 문장을 분명하고 조리 있게 표현
㉢ 이유·근거와 적절한 예를 들어서 뒷받침
㉣ 독창적인 내용으로 표현

💬 **예 ①**

〈 바다를 개발하자 〉

여러분! 30년 후에 육지 자원이 고갈된다는 사실을 알고 계십니까?

30년 후 육지 자원이 고갈되면 우리 인류는 식량 및 에너지 자원의 부족으로 허덕이게 될 것입니다.

이런 의미에서 바다는 보물 창고라 아니할 수 없습니다. 저는 해양자원을 적극적으로 개발해야 한다는 주장을 가지고 이 자리에 섰습니다.

지구 면적의 70퍼센트를 차지하는 바다는 사람들에게 많은 먹을거리를 제공합니다. 사람들은 오래 전부터 바다에서 물고기, 조개, 해조류 같은 먹을거리를 얻었습니다. 그러나 인구의 증가와 웰빙 바람으로 어패류의 소비가 늘자 한정된 바다에서 잡히는 어획량이 점점 줄어들고 있습니다. 이로 인해 나라마다 어자원 확보를 위해 양식을 하고 있습니다. 머지않아 우리는 양식으로 키운 해산물만을 먹어야 할지도 모릅니다. 우리나라가 해양자원의 중요성을 알고 바다를 적극 개발한다면 부족한 자원을 얻을 수 있는 것은 물론이고, 나아가 해양대국의 꿈도 이룰 수 있습니다. 우수한 인적자원, 그리고 삼면이 바다로 둘러싸인 지리적 조건을 바탕으로 하여 우리의 해양개발은 반드시 성공해야 합니다. 그것이 곧 우리나라를 부강하게 만드는 길이며 해양대국으로 성장하는 길이라고 확신합니다.

여러분은 어떻게 생각하시나요? 바다는 보물 창고라 아니할 수 없습니다. 저는 해양자원을 적극적으로 개발해야 한다고 강력히 주장합니다.

감사합니다.

– 맹주연

　　어린이 회장 후보나 반장 후보로 출마하면서 연설문을 쓰려고 한다면, 다음의 순서를 지키면 바람직합니다.

> 첫인사 → 후보자로 나서게 된 동기 및 목적 → 공약 및 나의 소견 → 지지를 호소하는 말
> → 끝인사

　　친구들이 필요로 하는 공약, 실천 가능한 공약, 비전이 느껴지는 희망적인 내용을 자신감 있는 표정과 제스처, 어조로 발표해야 합니다. 자연스러움과 당당함이 묻어날 수 있을 때까지 철저히 연습합니다.

✏️ 활동 (1)

　　자신이 새 학년의 회장이나 반장 후보로 나선다는 생각을 가지고 연설문을 써 봅니다. 개요를 작성한 후 연설문의 형태로 바꾸어 써 봅니다.

> ㉠ 첫인사 및 나의 소개
> ㉡ 후보자로 나서게 된 동기 및 목적
> ㉢ 공약 및 나의 소견
> ㉣ 지지를 호소하는 말
> ㉤ 끝인사

안녕하세요? 저는 씩씩한 어린이 ○○○입니다. 우리 반에 웃음꽃을 활짝 피우기 위해 이 자리에 섰습니다.

먼저 저를 3행시로 소개해 보겠습니다. 여러분이 운을 띄워 주세요.

○ :

○ :

○ :

제가 반장이 된다면 무엇보다 우리 반을 언제나 웃음이 넘치는 즐거운 반으로 만들겠습니다. 그러기 위해서 다음과 같은 일들을 하겠습니다.

첫째! 한 달에 한 번씩 우리 반 전체가 모여 할 수 있는 '종이접기의 날'을 만들겠습니다. 손의 근육을 좋아지게 하고 머리도 좋아지게 하는 종이접기 시간을 만들겠습니다. 우리 반만의 종이접기 작품을 모아본다면 얼마나 뿌듯하겠습니까?

둘째! 칭찬쪽지 전달하기를 하겠습니다. 칭찬은 고래도 춤추게 한다는 말이 있잖아요. 서로서로 칭찬 쪽지를 주고받으면서 기분도 좋아지고 친한 관계를 위해 더욱 노력을 하게 될 것입니다. 그래서 친구들과 한층 더 친하게 지내는 기회가 생길 것입니다.

셋째! 한 달에 한 번씩 물물교환을 할 수 있는 벼룩시장의 날을 만들겠습니다. 자주 쓰지 않는 물건들을 가져와서 서로 교환하는 날을 정하면 낭비하지 않고 알뜰하게 물건들을 교환할 수 있을 것입니다. 또 이를 통해 서로 더 친해질 수 있고, 물건을 사용하면서 친구를 한 번 더 생각하게 되겠지요?

이렇게 3가지를 실천한다면 즐겁고 행복한 우리 반이 될 수 있겠지요? 여러분, 찬성하신나면 기호 ○번 ○○○을 꼭 선택해 수시기 바랍니다.

지금까지 우리 반에 활짝 웃음꽃을 피우고 싶은 ○○○이었습니다.

감사합니다.

- 심여은

정확한 전달력, 미디어 스피치

1 기사문으로 아나운서 스피치

실제 있었던 사건을 신문이나 텔레비전 뉴스, 잡지 등의 매체를 통하여 사람들에게 알리는 글을 기사문이라 합니다. 또 기사문은 사실이나 사회문제, 사물이나 사람의 성질이나 행동 등에 대해 알고자 하는 사람들의 욕망을 만족시키기 위하여 쓰는 글이기도 합니다. 일반적으로 신문이나 방송에서 독자나 시청자에게 알리기 위하여 쓰며, 내용이나 목적에 따라 여러 가지 종류의 기사문이 있습니다.

기사문을 쓸 때에는 읽는 이의 관심을 끌 만한 내용인지 살펴보아야 합니다. 또, 정확한 사실을 육하원칙에 따라 체계적으로 써야 하고, 문장은 간결하게 써야 합니다.

기사문이 갖추어야 할 조건은 다음과 같습니다.

① 읽는 이가 내용을 이해하기 쉽도록 문장을 간결하게 써야 합니다.
② 육하원칙에 따라 누가, 언제, 어디에서, 무슨 일을, 어떻게, 왜 하였는지 자세하게 전달해야 합니다.

✏ 활동 (1)

다음 〈예 ①〉의 기사문을 읽고 아나운서 스피치의 어법으로 바꾸어 연습해 봅니다. 그 밖에도 뉴스 등 정리된 문장을 바탕으로 하여 방송을 진행하는 것처럼 연습합니다.

💬 **예 ①**

가을 운동회로 하나 된 우리 학교

20**년 *월 *일 ** 초등학교 운동장에서 가을 운동회가 열렸다.
전교생과 부모님, 그리고 마을 주민이 함께 모여 여러 가지 프로그램에 참여하며 알
차고 재미있는 시간을 보냈다.
이번 행사는 오전과 오후로 나누어 1부와 2부 행사로 진행되었다. 1부에서는 학생들
과 학부모들이 함께하는 청군백군 줄다리기로 시작하여 마지막 이어달리기까지 학
생들과 학부모들이 함께 응원하며 단합된 모습으로 즐거운 시간을 보냈다. 2부에서
는 마을 경로잔치를 열어 할머니, 할아버지께 맛있는 음식을 대접하였다. 이날 학
생들은 친구들과 함께하는 운동경기를 통하여 협동심을 기를 수 있었으며, 경로잔치
를 통하여 어른을 공경하는 마음을 가질 수 있었다.

② 생동감 있는 맛집 리포터

리포터의 뜻은 '기자', '보도원', '보고자'라는 의미로, 영어에서는 본래의 뜻으로 쓰입니다. 하지만 한국에서는 약간 의미가 변형되어서 이 단어의 의미가 달라졌는데, 특히 '6시 내고향'과 같은 프로그램이나 맛집 관련 프로그램, 혹은 연예 정보 프로그램에서 전국 방방곡곡을 돌아다니면서 마이크를 들고 소개를 하는 사람들을 리포터라 부릅니다. 생동감과 실감나는 전달력이 가장 중요한 요소입니다. 대본은 있지만 자기 감정을 많이 넣어서 실감나게 전달합니다. 아이들이 리포터 연습을 하면 자신감을 높여주고, 실감나고 생생한 말하기를 할 수 있도록 도와줍니다.

✒️ 활동 ⑴

다음 〈예 ①〉의 맛집 리포트를 읽고 생동감 있게 말하며 연습해 봅니다.

💬 예 ①

㉠ 안녕하세요? '대박집을 찾아서'의 리포터 ○○○입니다. 여기는 무한리필 간장게장으로 대박난 곳입니다.

㉡ 어머! 정말 사람들이 줄을 서서 기다리네요. 도대체 얼마나 맛있는지 안으로 들어가 보겠습니다.

㉢ 정말 맛있게 먹고 계시네요. 와우! 게 살 좀 보세요. 알도 가득 차 있네요. 몇 번째 리필하시는 건가요? 네? 5번째 리필이라고요?

㉣ 사장님~ 이렇게 리필을 많이 해도 정말 괜찮나요? 사장님이 오케이 하시네요!

㉤ 역시 맛이면 맛! 양이면 양! 대박집이 맞습니다. 여러분~ 게집으로 오세요!

㉥ 이상 '대박집을 찾아서'의 리포터 ○○○였습니다.

(출처: MSL 메타 스피치, 메타스피치 편집국)

③ 해설가 내레이션

　내레이션은 영화, 게임, 다큐멘터리, 애니메이션 등에서 상황을 설명하거나 이야기 도입에 필요한 부분을 해설하는 일, 또는 그 해설을 일컫는 말입니다. 화술이나 어법이라는 뜻으로, 말하는 방법이나 기교를 일컫기도 합니다. 그리고 내레이션을 하는 사람을 내레이터라고 부릅니다.

　내레이션은 호흡, 발성, 발음, 공명, 음색 등 보이스 요소와 톤, 억양, 속도, 쉼, 변조 등 화법 요소의 조화를 이루어 정확하게 말해야 합니다. 여기에 감정 표현과 비언어적 요소의 활용을 통해 더욱 입체적으로 표현할 수 있습니다. 즉, 내레이션은 감정을 담아서 읽으며 표현하는 고도의 말하기 예술이라는 것입니다. 문장에 담긴 정보와 감정 메시지를 극대화해 '맛있게' 읽으면서 청자에게 전달하는 것입니다.

　아이들이 내레이션 연습을 하면서 더 정확하고 생생한 전달을 통해 본인의 역량을 마음껏 뽐낼 수 있는 말하기 연습입니다.

⊘ 활동 ⑴

　위의 요소들을 가미하여 다음 〈예 ①〉의 내용을 '맛있게' 말할 수 있도록 연습해 봅니다.

💬 **예 ①**

한 해에 두 차례씩 사는 곳을 옮기는 새들을 철새라고 합니다. 철새는 여름에 우리나라에 와서 새끼를 낳거나 겨울을 나기 위해 산을 넘고 바다를 건너 아주 먼 여행을 합니다.

이른 봄에 남쪽에서 날아와 우리나라에서 번식하고, 가을에 추위를 피해 남쪽으로 이동하는 새는 여름철새입니다. 여름철새에는 제비, 뻐꾸기, 두견이, 꾀꼬리, 백로 등 우리에게도 친숙한 새들이 많이 있습니다.

그리고 가을에 북쪽에서 번식을 하고 겨울을 나기 위해 우리나라로 오는 새는 겨울철새입니다. 겨울철새에는 고니, 기러기, 두루미, 독수리, 칡부엉이 등이 있답니다.

이제는 늘 우리나라에 오던 철새들의 모습을 보기 힘들다고 합니다.

4강

자기소개 스피치

1

능력과 강점을 소개하는 스피치

단순한 사실만을 나열하는 자기소개는 매력적이지 않습니다. 자신만의 특별한 개성을 알리며 기억에 남는 소개가 좋습니다.

자기소개의 목표는 나에 대해 알고 싶어하는 사람, 나에 대해 알려주고 싶은 사람이 나를 기억하게 하고 나에게 흥미를 가질 수 있도록 하는 것입니다. 따라서 상대의 궁금증을 풀어준다는 마음으로 말해야 합니다. 듣는 사람에 따라, 상황에 따라 내 소개를 다른 표현 방식으로 말해야 합니다.

자기소개 스피치는 면접 등에서 주로 쓰이므로 자신이 경험한 일이나 성취한 일들을 들려줌으로써 나의 매력과 능력을 전달하는 중요한 도구가 될 수 있습니다.

✏️ 활동 (1)

능력과 강점을 중심으로 한 아래의 자기소개를 읽어 보고, 각자의 능력과 강점으로 자기소개문을 써 봅니다.

💬 예 ①

안녕하십니까? 저는 ○○초등학교 ○학년 ○○○입니다.
저는 체육시간이 가장 좋습니다. 체육시간에는 마음껏 뛰어놀 수 있기 때문입니다.
저는 공을 가지고 하는 운동은 모두 좋아하고 잘합니다. 축구는 물론, 농구와 피구 등을 할 때면 항상 친구들이 저와 같은 편이 되고자 합니다.
축구공을 차면서 사이사이로 몰고 가다 힘껏 차서 넣는 골의 맛은 어느 것과도 비교할 수가 없습니다. 또 친구에게 잘 패스를 해주어 우리 편이 골을 넣었을 때도 우리는 어깨동무를 하면서 기쁨을 만끽합니다.

훈련이 조금 힘들기는 하지만 가끔 선생님께서 아이스크림도 사주시고 칭찬해주시니 축구시간이 더욱 좋아집니다.

앞으로 저는 이런 저의 재능을 살려 나라를 빛내는 축구선수가 되고 싶습니다. 월드컵에도 나가 우리나라가 우승할 수 있도록 최선을 다해 뛰고 싶습니다.

운동은 기본이고, 틈틈이 독서도 많이 하고 공부도 열심히 하며 희망찬 미래를 위해 열심히 노력하겠습니다. 감사합니다.

💬 예 ②

여러분, 여러분들은 자신만의 강점을 가지고 계신가요?

만약 워런버핏이 사람의 강점을 보고 그 강점에 커다란 자본을 투자한다면 여러분들은 자신의 강점을 어떻게 소개하실 건가요?

저는 두 가지의 커다란 강점을 가지고 있습니다. 만약 워런버핏이 저의 강점에 큰돈을 투자한다면 저는 다음의 두 가지를 소개하고 싶습니다.

저의 첫 번째 강점은 수학을 좋아하고 잘한다는 것입니다.

예전에 수학선생님께 수학을 배울 때 너무 재미있어서 수학을 좋아하게 된 계기가 되었는데요. 그 뒤로 수학을 열심히 하다 보니 더욱 잘하게 되었고 수학을 더 좋아하게 되었습니다. 지금 학교에서도 단원평가 시험을 보면 결과가 좋고 수업시간에도 흥미롭게 열심히 공부하고 있습니다.

저의 두 번째 강점은 글을 잘 쓴다는 것입니다.

글을 쓸 때에는 생각이 떠오르면 글을 쓰고, 마음에 들 때까지 고치는 작업을 반복하며 글을 써 왔습니다. 또, 글을 쓰면 때로는 만족하기도 하고 칭찬도 받기 때문에 글을 반복하여 씁니다. 초등학생부터 고등학생, 더 나아가 어른이 되어 회사에 입사했을 때에도 글을 쓰는 솜씨는 매우 중요할 것 같습니다.

사람들은 누구나 각각 다른 강점을 가지고 있습니다. 이러한 강점은 나중에 직업을 정할 때도 중요하기 때문에 여러분들도 자신의 강점을 잘 찾아보시면 좋을 것 같습니다.

이렇게 강점을 찾아 글을 써 보니 저의 강점에 대해 더 잘 알게 되었고 또 다른 강점도 찾아보면 도움이 될 것이라 생각되었습니다.

앞으로 강점을 더욱 키우도록 노력하겠습니다. 감사합니다.

- 김예리

2

독서 감상문을 통한 자기소개 스피치

독서 감상문을 기반으로 독서능력을 보여주는 자기소개 스피치는 한 권의 책을 정독하고 그 안에서 찾아낸 교훈 등을 자기의 생각과 연결하여 자기화한 것으로, 자기소개를 통해 자신의 집중력과 몰입하는 능력을 보여주는 특별한 효과도 있습니다.

✎ 활동 (I)

독서 감상문을 기반으로 한 아래의 자기소개를 읽어 보고, 각자의 독서 경험을 바탕으로 자기소개문을 써 봅니다.

💬 예 ①

『빨간 연필』이라는 책이 있습니다. 5학년 필독도서였기 때문에 이 책을 읽게 되었습니다.

주인공인 민호는 평범한 학생입니다. 하지만 빨간 연필이라는 마법 연필을 얻게 됩니다. 이 연필로 인해 민호는 글쓰기를 잘하게 되고 상까지 받게 됩니다. 하지만 빨간 연필은 계속 거짓말만 씁니다. 그래서 양심의 가책을 느낀 민호는 빨간 연필을 없앱니다.

이 책을 통해 저는 자기 자신의 실력대로 정정당당하게 해야 한다는 가르침을 얻게 되었습니다. 겉모습이 실력자라도, 중요한 건 진짜의 나라는 것을 알았습니다.

저는 이제 알게 되었습니다. 거짓말로 인해 잘못이 부푼다는 것을 말입니다.

제 자신을 사로잡은 이 책 『빨간 연필』은 저에게 진짜의 나를 가르쳐준 책입니다.

자기가 사는 곳을 소개하는 방식으로도 자기소개를 할 수 있습니다.

🖊 활동 (1)

자기가 사는 곳을 소개하는 아래의 자기소개를 읽어 보고, 각자 사는 곳을 소개하며 자기소개문을 써 봅니다.

💬 예 ①

여러분! 아산이라는 곳을 아십니까? 제가 살고 있는 아산에서는 자동차를 타고 20분 정도만 나가면 언제든지 바다를 볼 수 있습니다. 파란 파도가 넘실대고, 하얀 갈매기들이 먹이를 찾아 날아다니며, 붉은 등대가 오가는 배들을 안내하는 멋진 곳입니다. 어린 저에게 바다는 시원하고 신기하며 즐거움을 주는 곳입니다.

어린 시절을 바닷가에서 보내신 할머니께서는 아직도 바다만 보시면 어린아이처럼 좋아하십니다. 지난 여름 가족들과 할머니의 어릴 적 추억이 가득한 고향에 찾아간 적이 있었습니다. "할머니 어릴 적에는 이곳이 바다였단다. 할머니 집 앞까지 물이 들어오는 곳이었지. 하지만 바다를 막아 땅으로 만들었단다"라고 말씀하셨습니다.

그렇게 바다의 희생으로 우리나라는 먹을 걱정 없이 살게 되었습니다. 바다가 우리를 위해 자신을 내어주어 우리가 지금 행복하게 살고 있습니다. 그러나 바다는 지금 많이 아픕니다. 생태계가 파괴되고 있습니다. 이제는 우리가 바다에게 빌렸던 것을 다시 돌려주어야 할 때입니다. 할머니의 어린 추억이 가득한 바닷가는 이제 사라졌지만, 그 바닷가에서 살아가던 바다 생물들이 건강하게 다시 돌아올 수 있도록 대한민국의 미래인 우리들이 관심을 가집시다.

바다야, 그동안 정말 고마웠어. 이제는 우리가 너를 도와줄게. 네가 있어서 우리는 정말 행복해.

저는 저희 가족이 사는 아산을 정말 사랑합니다.

- 정태희

행복이 스며드는 자녀 대화법 5

① 부모의 마음밭에 키우는 존중, 공감, 수용

몇 년 전 어느 여름방학, 도서관에서 들었던 그들의 대화는 지금도 귀를 쟁쟁하게 울립니다. 아직까지 그들의 표정도 눈에 보이는 듯 선명합니다.

"너 있었던 일 똑바로 말해!"

엄마와 아들의 얼굴은 둘 다 창백했고, 엄마는 분노로, 아이는 두려움으로 일그러져 있었죠. 아이는 고개를 들지 못하고 "저… 저…"라고만 몇 번을 들릴락 말락 얘기하다가 이내 크지도 않은 소리로 울음을 터뜨리고 말았습니다.

내용은 이랬습니다. 아이가 방학 때 오전 일찍 도서관에서 책을 읽으려고 넓은 책상에 자리를 잡았습니다. 그런데 잠시 후 한 모둠의 아이들이 단체로 문을 열고 들어왔습니다. 아이들이 밀려들자 그 아이는 자의 반, 타의 반으로 얼떨결에 자기 자리를 내어주고 시무룩한 얼굴로 돌아가 버린 겁니다.

물론 도서관에 오게 된 것도 엄마의 지시에 따른 것이라 추측됩니다. 집으로 돌아가서는 얼마나 질책을 받았을지 예상이 되는 상황이었습니다.

왜 너의 자리를 빼앗겼는지? 누가 빼앗았는지? 너의 자리가 어디였는지? 왜 한 마디도 못 했는지? 엄마는 속사포처럼 격앙된 목소리로 수많은 질문을 하며 무서운 얼굴로 다그치고 있었습니다.

옆에서 지켜보며 전후 사정을 알고 있던 저는 엄마에게 다가가 이렇게 말했습니다.

"엄마께서 속상하실 만합니다. 저도 아이의 부모로서 그 마음과 속상함을 충분히 공감합니다."

엄마는 상기된 얼굴이었지만 민망함에 다소 표정을 풀고 전후 상황 설명을 들었습니다. 한참 시간이 흐른 후 엄마는 머쓱한 미소를 보이며 아이의 어깨를 잡고 "그러기에 차분히 그 상황을 설명했으면 됐잖아"라고 합니다. 차분하지 않은 건 엄마가 한수 위였습니다.

그 엄마가 좀 더 이성적이고 논리적으로 아이를 존중하며 말했다면, 그리고 그 아이가 좀 더 자신감 있게 상황설명을 또렷이 표현했다면 아이의 기억이 큰 상처로 남진 않았을 겁니다.

아이가 책을 읽지 못하고 쫓기듯 집으로 온 상황에 엄마의 속상한 감정은 아이에 대한 사랑이었습니다. 이 원천 감정은 잘 표현되었을 것입니다. 하지만 엄마가 대화의 기본 품성을 지키며 아이와 대화했다면 위의 대화와 같이 충동적인 모습은 결코 나타나지 않았을 것입니다.

사랑이란 부모의 기준에서 사랑을 주는 것보나, 자녀의 입장에서 생각하고 자녀가 느낄 수 있도록 사랑을 전하는 일입니다. 자녀도 부모와 동등한 인격체임을 인정하는 태도입니다. 존중의 힘은 인정받고 사랑받는 느낌으로 대화의 문을 열게 됩니다.

솔직하게 자신을 표현할 수 있으며, 부모의 사랑, 존경, 친밀감을 느낄 수 있게 될 것입니다. 부모로부터 수용받을 때 안정되고 평안함을 느껴 자신의 문제를 스스로 풀어가고 해결방안을 모색할 수 있는 힘을 가질 수 있습니다.

대화의 기본 태도 및 품성이 갖추어지지 않은 부모의 대화는 아이에게 여러 가지 부작용을 줍니다. 우리는 자기도 모르는 사이에 자신의 선입견, 자신이 만들어 놓은 당위성, 편견 등에 매몰되어 있습니다. 그래서 상대를 이해한다고 스스로 생각하지만 결국은 자신의 신념, 오래된 고정관념, 교육관 등으로 상대를 판단하고 그 테두리 안에서만 허용하려 합니다.

나의 고착화된 관념을 내려놓고 진정으로 아이의 입장이 되어 그 마음을 헤아려 보는 공감이 꼭 필요합니다.

다만, 나의 일관된 교육관이나 옳고 그름을 판별하는 이성은 흔들리지 않아야 합니다.

아이를 존중하면 공감, 수용, 성실의 기본 태도는 자연스럽게 갖출 수 있습니다. 모든 것은 서로 연결되어 있고 존중으로부터 출발하기 때문입니다.

아이를 인정하고, 나의 말하기를 절제하고, 공감을 느끼며 온몸으로 응답하며 들어야 합니다.

오늘부터 내 마음의 밭에 아이를 존중하는 마음, 공감, 수용, 성실의 씨앗을 깊게 뿌리내리고 더욱 귀를 기울여 들을 수 있도록 노력하시기 바랍니다.

2) 부모에게 감동을 주는 추천 노래 3곡

　요즈음 아이와 있는 시간이 많아지면서 크고 작은 갈등에 휩싸이는 때가 많으실 거예요. 화가 수시로 불끈불끈 올라오기도 하고 머릿속이 지끈거리기도 하겠죠? 우리 엄마들의 노고가 이만저만이 아닙니다.

　우리 어머니들께 힐링을 할 수 있는 아주 좋은 음악 세 곡을 소개해 드리겠습니다. 부모 교육 수업현장에서 우리 엄마들과 함께 들으며 같이 눈물 흘리는 힐링 음악입니다.

　아이를 뱃속에 잉태했을 때와 태어났을 때 느꼈던 감동, 건강하게만 나와 달라던 간절한 기도가 있었지만 아이가 자라면서 초심을 잃게 되죠?

　아이에 대한 무조건적인 사랑이 존중이라는 걸 알면서도 열망이 커지고 열망이 욕심으로 변질되며 끝없는 잔소리에 아이도 엄마도 지쳐갑니다.

　처음의 마음처럼, '내 아이로 태어나줘서 고마워', '내 곁에 있어줘서 고마워', '있는 그대로의 너를 사랑해'하면 좋겠지만, 어느새 우리는 아이에게 좌절감을 주는 말, 답을 정해 놓은 채 명령하고 지시하는 말을 계속 반복하고 있습니다.

　다시 우리의 초심을 일깨우는 노래, 처음 아이가 우리 곁에 왔을 때의 감동과 감사를 일깨우는 노래, 좌절감을 주는 우리의 말과 행동을 다시금 성찰해 보는 노래, 그리고 엄마가 딸에게 하고 싶은 말을 진심을 다해 전하는 노래, 엄마라면 꼭 들어봤으면 하는 노래 세 곡을 소개합니다.

주무시기 전, 아이가 자고 있을 동안 이어폰을 꽂고라도 잘 들어보세요. 웃음과 눈물이 함께 번질 겁니다.

첫 번째 음악입니다.

아이가 미울 때, 화날 때, 속상할 때 아이에 대한 감사와 감동의 초심을 엄마에게 불러일으키는 아주 아름다운 노래입니다.

브라운 아이드 소울의 네 멤버 중에 덩치도 튼튼하시고 목소리도 너무 멋지고 부드러운 영준이라는 멤버가 부른 노래로, '어떻게 너를 사랑하지 않을 수가 있겠어'라는 노래입니다.

제가 이 노래에 대한 에피소드를 조금 소개해 드릴게요. 영준 씨 아이가 아내의 뱃속에 있을 때부터 태교도 같이 하고, 아이가 태어나면서 1년간 육아를 했다고 하네요.

아이가 태어날 때의 감동과 아이를 키우면서 느낀 사랑의 마음을 노래로 만들었다고 해요. 부모가 되고 그 육아의 과정을 몸소 체험하고 쓴 가사이기에 부모의 사랑이 가득 담긴 노랫말이 절절하며, 부모라면 그때의 감동을 다시금 회상할 수 있는 아름다운 노래입니다.

이 노래의 압권은 마지막에 어린 아들이 "엄마 사랑해"라고 하는 대사가 나온다는 것입니다. 끝까지 꼭 들어봐야겠죠?

아이들이 떼를 쓰고 고집을 부려 화가 날 때마다 이 노래를 들어 보세요. 화날 때 참는 노하우로 영준의 '어떻게 너를 사랑하지 않을 수가 있겠어'를 들어보시는 방법, 최고일 것 같습니다.

어떻게 너를 사랑하지 않을 수가 있겠어
어떻게 너를 안아주지 않을 수가 있겠어
매일 매일 아니 오늘보다 내일 더 사랑해

두 번째 음악은 우리가 알게 모르게 좌절을 주는 말, 용기를 꺾는 말, 자존감을 무너뜨리는 말을 아이에게 던지지는 않는지 다시금 생각하게 하는 노랫말을 가진 음악입니다.

바로 신동이라고도 불렸던 제주소년 오연준 어린이가 부른 '바람의 빛깔'이라는 노래인데요. 애니메이션 '포카 혼타스'에 나오는 노래로 유명합니다.

워낙 오연준 군이 맑은 음성으로 노래도 잘하지만 노랫말을 잘 들어 보면 더욱 깊이를 느낄 수 있습니다. 다름을 존중하고 인정하라는 의미로 해석이 가능하겠죠?

저는 어머니들과 수업을 할 때 이 노래를 틀어주고 가사 중 마음에 와 닿는 구절 하나씩을 발견해 보라고 주문합니다. 그러면 어머님들 중 많은 분들이 이 부분을 정하십니다.

'얼마나 크게 될지 나무를 베면 알 수가 없죠.'

네, 맞습니다. 저도 공감합니다. 아이가 어떤 색깔로, 어떤 큰 그늘을 가진 큰 나무가 될지도 모르는데 어릴 때부터 가지를 자르는, 때로는 밑둥을 자르는 말, 좌절을 주는 말들을 우리가 알게 모르게 많이 하고 있다는 것입니다.

"너는 철부지로구나. 친구 집에 가서 게임했지? 분명해", "발로 써도 이만큼은 쓰겠다"와 같이 아이의 밑둥을 잘라버리는 말들을 쏟아내곤 합니다.

이 노래를 꼭 들어주세요. 청아하고 아름다운 노래입니다. 가사를 유념해서 들어주세요. 그리고 얼마나 크게 될지 모르는 아이에게 존중의 태도를 잊은 채 방해가 되는 말들을 쏟아내고 있는지 스스로 알아차리는 시간을 가져보시면 좋겠습니다.

그 한적 깊은 산속 숲소리와 바람의 빛깔이 뭔지 아나요
바람의 아름다운 저 빛깔을
얼마나 크게 될지 나무를 베면 알 수가 없죠

마지막 세 번째 음악입니다.

바로 양희은 씨의 '엄마가 딸에게'라는 노래입니다. 물론 딸은 아들까지 포함하는 의미겠죠?

엄마가 세상을 어느 정도 살아보고 나서 딸에게 들려주는 진심과 미안함, 해주고픈 말 등을 속속들이 표현하는 노래입니다.

듀엣 형태로 양희은 씨가 젊은 여가수들과 많이 불렀는데요, 들을 때마다 감상이 다르고 항상 새로운 감동을 받게 됩니다.

저는 수업할 때 이 노래를 어머님들께 틀어주다 제가 울어버린 적이 있어요. 강사가 노래의 감동에 빠져 울고 있으니 얼마나 수강생 엄마들이 당황스러웠겠어요. 아이들이 커가면서 중학생, 고등학생이 되면 이 노래의 의미가 더욱 크게 전해질 것이라 생각합니다.

내가 좀 더 좋은 엄마가 되지 못했던 걸 용서해줄 수 있겠니
넌 나보다는 좋은 엄마가 되겠다고 약속해주겠니

위의 세 곡을 들어보시면 아이에 대한 우리의 시선이나 마음가짐이 꽤나 달라지는 걸 느끼실 겁니다. 음악이 주는 힘이 상당한 거거든요.

영준의 '어떻게 너를 사랑하지 않을 수가 있겠어', 오연준 어린이의 '바람의 빛깔', 양희은의 '엄마가 딸에게' 이 세 곡을 꼭 들어보시길 추천합니다.

참고문헌

- MSL 메타 스피치, 메타스피치 편집국
- 글쓰기지도의 자료백과, 테마플러스
- YOUNG TOTAL 리더십

에필로그

20년 이상 아이들을 만나며 희로애락의 감정을 다양하게 경험했습니다. 책을 쓰기 시작할 때는 이러한 감정들이 많이 담길 것으로 예상했지만, 생각했던 것과 달리 활동 위주의 담백한 실용서가 탄생하였습니다.

이 책에서 소개한 활동들은 실제로 아이들과 함께 하면서 아이들의 흥미를 이끌어낼 수 있고, 아이들이 긍정적으로 변화하는 등 실효를 거둔 활동들입니다. 따라서 많은 쓰임새가 있을 것이라고 생각합니다.

생각을 말로 잘 나타내기 위해서는 우선 내면이 강화되어 있어야 합니다. 스피치의 기법들을 잘 습득했다 하더라도 자신을 믿는 마음, 시도해보는 용기, 시행착오나 실수를 두려워하지 않는 긍정성이 자리를 잘 잡고 있어야 다듬어진 스피치의 기법들이 빛을 발하게 되는 것입니다.

마찬가지로, 자신감이 넘치고 배짱이 두둑한 아이라 할지라도 스피치의 기본인 발성이나 발음, 호흡 등이 안정되어 있지 않으면 호응을 끌어내거나 호감을 주는 부분에서 어려움을 겪을 수가 있습니다.

내면의 강화, 자신감의 장착, 스피치의 기법 등은 함께 병행하며 발전시켜야 하는 부분입니다. 어떤 것이 먼저라고 정하기가 어려운 부분임을 경험을 통해 깨닫게 됩니다.

내면의 자신감과 자신에 대한 긍정성이 자연스럽게 스며들 수 있도록 하는 활동 내용들을 책에 다양하게 실었습니다. 또한 자신감 마인드를 기반으로 한 스피치의 전달력은 물론, 각종 레크레이션에서도 활용하며 단체를 이끌 수 있는 리더십을 향상시켜 창의성을 겸비한 당당한 사람으로 성장하는 데 도움이 될 것으로 확신합니다.

가정에서 부모님이, 학교에서 선생님이, 그리고 학원 및 방과후 수업에서 다양하게 활용하셔서 아이들이 당당하게 성장하는 데 도움이 되기를 기원합니다.

마지막으로, 긴 교육의 여정에 도움을 주신 사단법인 대한웅변인협회, 지역사회교육협의회(KACE), YOUNG TOTAL 리더십, 테마글쓰기클럽 관계자 여러분께 깊은 감사를 드립니다.

박성연